동물과 함께하는
세계지리 여행

동물과 함께하는 세계지리여행

1판 1쇄 인쇄 2019년 7월 19일
1판 1쇄 발행 2019년 7월 26일

지은이 박효연
그린이 이정아
펴낸이 정해운
책임편집 김천미
관리 김인수
디자인 Design Group All

펴낸곳 가교출판
출판등록 1993년 5월 20일(제201-6-172호)
주소 서울 성북구 성북로 9길 38, 401호
전화 02-762-0598~9, 080-746-7777(수신자 부담)
팩스 02-765-9132
E-MAIL gagiobook@hanmail.net
홈페이지 http://가교출판사.kr

ISBN 978-89-7777-926-6 (73980)

ⓒ 박효연·이정아 2019

- 이 도서의 국립중앙도서관 출판예정도서목록(CIP)은 서지정보유통지원시스템 홈페이지 (http://seoji.nl.go.kr)와 국가자료종합목록 구축시스템(http://kolis-net.nl.go.kr)에서 이용하실 수 있습니다. (CIP제어번호 : CIP2019025586)
- 이 책의 글이나 사진을 재사용하려면 반드시 저작권자와 가교출판 양측의 동의를 얻어야 합니다.
- 잘못된 책은 구입하신 서점에서 바꾸어 드립니다.

책과 마음을 잇겠습니다 | 가교출판

동물과 함께하는
세계지리 여행

글 박효연 | 그림 이정아

가교출판

책머리에

동물과 함께
자연을 지키는 사람들의 이야기

　얼마 전 TV에서 아파트 단지에 사는 고양이 여러 마리를 누군가가 괴롭혀 죽게 했다는 뉴스가 나왔어요. 며칠 안 있어 또 다른 누군가가 떠돌이 개를 학대하는 모습이 CCTV에 고스란히 찍힌 영상이 나왔어요. 그 모습이 너무 잔인해 영상을 보고 있던 나는 그만 눈을 감아 버렸어요.
　잊힐 만하면 나오는 동물 학대 뉴스, 왜 우리는 함께 어울려 살 수 없는 걸까.
　개가, 고양이가 그 사람들에게 어떻게 했기에 말 못하는 동물에게 그토록 잔인한 학대를 저질렀을까. 며칠 동안 분노와 슬픔에 잠겨 있었어요.

　사실 따지고 보면 우리가 사는 이곳은 우리의 것만이 아니잖아요. 개와 고양이 같은 동물도 살고 있고 나무와 풀도 살고 있고, 그 속에는 갖가지 이름 모를 곤충들도 살고 있어요. 그런데 왜 우리는 인간만이 지구의 주인인 것처럼 행동하는 걸까요.
　그것은 아마도 무엇이든 '나' 중심으로 생각하기 때문인 것 같아요. 사람은 물론 자신이 세상의 중심이 돼요. 어떤 일이 생겨도 내 중심으로 생각을 하게 되죠. 그러다 보니 사소한 일로 친구와 다투기도 하고 이웃과 오해가 쌓여 싸움으로 번지기도 해요.

가족관계는 어떤가요? 내 마음을 알아주지 않는 것 같아 부모님이나 형제, 자매들에게 서운한 마음이 들어 다툼이 생기기도 하잖아요.

이런 문제가 생기는 까닭은 뭘까요? 여러 가지 이유가 있겠지만 다양함을 인정하는 마음이 없는 것이 가장 큰 것 같아요. 상대와 나의 마음이 다르고, 멀리 살고 있는 이웃과 우리 동네에 사는 사람들의 마음이 다르죠. 마음이 다른 이유는 사람을 둘러싼 자연환경이 달라서 삶의 방식과 생각의 차이가 나기 때문일 거예요. 다른 건 이상한 게 아니라 당연한 거 아닐까요. 앞에서 말한 동물을 학대한 사람들은 삶의 터전에서 쫓겨난 고양이나 개의 마음을 이해하지 못하고 그런 나쁜 행동을 한 것일 거예요.

처음엔 동물과 인간은 따로 떨어져 살았어요. 그러다가 사람들이 점점 동물의 영역을 침범했고 동물들은 쫓겨나서 따로 살거나 그렇지 못한 동물들은 사람들이 사는 곳에서 적응하며 살아야 했죠. 하지만 사람과 동물은 함께 어울려 살 수 있어요.

이 책에는 동물과 함께 사는 사람들의 이야기가 나와요. 그들이 사는 곳은 조금 특별해요. 아주 덥거나, 아주 춥거나, 혹은 높은 산지에 있거나 얼음으로 뒤덮인 곳이에요. 사람이 살기에는 힘든 곳이지요. "와! 그런 곳에서 사람이 어떻게 살지?" 하며 걱정할 필요는 없어요.

그들에겐 삶을 함께해 주고 험난한 자연환경에 잘 살 수 있도록 돕는 동물들이 있거든요. 사람들은 동물들에게 무조건 도움만 받는 건 아니에요. 동물들 역시 사람들이 없었다면 그 험난한 곳에서 살아가기 힘들었을 거예요. 사람은 동물에게 먹이와 안식처를 주고 동물은 사람들에게 노동력과 때로는 고기와 가죽까지 내어 주었어요. 이처럼 살기 힘든 환경에서 사람과 동물은 서로 의지하며 살아요.

이 책을 읽으면서 여러분은 느낄 수 있을 거예요. 사람과 동물은 서로 돕는 관계라는 사실을요.

이 책에는 여덟 가지의 각각 다른 자연환경에서 사는 사람들의 모습이 나와요. 이들을 통해 각 나라별, 지역별 지형과 지질, 기후와 같은 지리적 정보를 알 수 있어요. 또한 각기 주인공으로 등장하는 어린 친구들의 이야기에서 역사와 전통, 문화적 특징 말고도 그들의 가치관도 알 수 있어요. 인간과 함께 살아가는 동물의 생태도 소개

해 흥미를 더할 거예요.

 이 책을 읽으면서 자연스레 깨달을 거예요. 자연과 어울려 사는 삶의 지혜를 말이에요. 여러분과 비슷한 나이의 친구들이 나와 자신들이 사는 곳을 안내할 거예요. 친구의 손을 잡고 세계를 여행하듯 여덟 개의 마을로 떠나 봐요.

 어린이 여러분이 이 책을 읽고 동물을 사랑하는 마음과 자연의 소중함을 느꼈으면 해요. 더불어 세상을 보는 눈을 키우고 한반도에 사는 우리는 어떤 삶을 살아야 하는지도 고민해 보았으면 해요.

박효연

차례

❶ 스리랑카
: 종이가 된 코끼리 똥 ••• 010

❷ 티베트 차마고도
: 아름다운 길에 함께한 노새 ••• 036

❸ 러시아 시베리아
: 유목민의 친구, 순록 ••• 062

❹ 파푸아뉴기니
: 새들이 준 선물 ••• 084

❺ 그린란드
: 얼음나라의 썰매 개 ••• 110

❻ 에티오피아
: 소금사막의 낙타 ••• 134

❼ 몽골
: 늑대를 물리친 늑대 ••• 158

❽ 러시아 오이먀콘
: 추운 마을을 지킨 소 ••• 180

위치 인도의 남쪽 인도양 해상
기후 덥고 습도가 높은 열대 기후
기온 연평균 27도
언어 신할리어, 타밀어, 영어

스리랑카
종이가 된 코끼리 똥

스리랑카는 인도 남동쪽 인도양에 있는 섬나라예요.
스리랑카 북쪽으로 갈수록 점점 좁아지는 땅 모양 때문에 진주 같기도 하고
눈물방울 같기도 하지요. 그런 섬의 모양 때문에 '인도양의 눈물'이라 하고
또 섬의 경치가 빼어나 '동양의 진주'라고 불리기도 해요.
수도는 스리자야와르데네푸라코테이지만, 스리랑카 남서쪽에 위치한
항구 도시 콜롬보가 현재까지도 문화와 경제 도시의 역할을 하고 있어요.
콜롬보는 원래 작은 어촌 마을이었는데 7세기경 아랍 상인들에 의해
향료와 보석 등의 물건을 사고파는 항구로 발달됐어요.
16세기경에는 포르투갈, 네덜란드, 영국의 식민 통치를 받아
도시 전체가 유럽풍의 모습을 보이고 있어요.

 똥 줍는 아이

"할아버지 무슨 기도를 드렸나요?"

보리수나무 제단에서 기도를 마친 할아버지를 향해 삼카가 물었어요.

"똥을 많이 줍게 해달라고 했단다."

할아버지는 보리수나무에 바나나와 하얀 와뚜수다 꽃을 올려놓았지요.

"똥이라고요?"

기껏 똥이라니. 삼카는 할아버지의 말에 실망한 표정을 지었어요.

삼카는 스리랑카 중서부 밀림 지대에 있는 핀나웰라에 살고 있답니다. 핀나웰라는 숲으로 둘러싸인 작은 마을이에요. 삼카가 학교에 가지 않은 일요일 아침, 이른 시간인데도 거리에는 제단에 공양을 드리며 하루를 시작하는 사람들로 붐볐어요.

"오늘 기왕 따라오기로 했으니 삼카도 이 할아버지를 따라 열심히 일을 해야 한다."

　삼카의 할아버지는 코끼리 똥을 주워 파는 일을 하고 있어요. 가끔 종일 똥 줍는 일을 하는 할아버지를 생각하면 죄송스럽고 감사한 마음이 함께 들었어요.

　삼카는 할아버지가 똥 줍는 일 말고 다른 일을 하기를 바랐지요. 더구나 할아버지가 매일 똥을 줍는다는 걸 알면 친구들이 놀릴지도 몰라 걱정되기도 했지요.

　삼카는 평소 할아버지가 어디서 어떻게 일하는지 한 번도 보지 못했어요. 하지만 부모님이 하는 일을 함께 해보라는 학교 숙제로

삼카는 아침부터 할아버지를 따라다녔지요.

"자, 어서 숲으로 가보자꾸나. 남들보다 먼저 가야 똥을 많이 주울 수 있을 거야."

삼카는 할아버지를 따라 나무들이 빼곡히 있는 숲으로 들어갔어요. 본격적인 무더위가 시작되는 5월이었지만 밀림 속 나무 그늘 때문인지 그리 덥지만은 않았어요. 게다가 바람까지 솔솔 불어서 땀이 금세 식었지요.

"여기 있구나! 이야, 이것 봐라. 아주 실한 똥이다."

숲에 들어가자마자 할아버지가 반가운 목소리로 말하며 자루에 똥을 담았어요.

"할아버지, 냄새나지 않아요?"

삼카는 코를 막으며 연신 손부채질을 했어요.

"원 녀석, 냄새는커녕 오히려 향기롭기만 하구나."

할아버지는 껄껄 웃으며 대답했지만 그런 할아버지를 보는 삼카의 마음은 순간 뭉클해졌어요.

'더러운 똥을 주워 나를 학교도 보내고 음식도 사셨구나……'

돈을 벌기 위해 할아버지께서 온종일 코끼리 똥을 주우러 다녔다고 생각하니 감사하고 부끄러운 마음이 함께 들었지요. 냄새나는 똥을 주워 담는 일은 삼카 자신이라면 하지 못할 것 같았지요.

'오늘만이라도 할아버지를 열심히 도와야겠어!'

삼카는 마음속으로 다짐했지만 막상 코끼리 똥을 발견하고 자루에 담

으려고 하니 엄두가 나지 않았어요.

"삼카, 지금 한참이 지났는데도 똥을 하나도 못 주웠구나. 대체 뭐하고 있었니?"

자루 한가득 똥을 들고 있던 할아버지가 삼카의 텅 빈 자루를 보며 물었어요. 삼카는 얼굴이 뜨거워져서 아무 말도 하지 못했지요. 그러자 할아버지가 한마디 더 했어요.

"삼카, 오늘 이 할아버지를 돕기로 했으면 너도 어서 똥을 주워 담아 보려무나. 사실 이게 똥이라지만 냄새는 거의 안 난단다."

할아버지는 자루에 담긴 똥에 코를 갖다 대며 킁킁거렸어요. 그 모습을 보자 삼카는 저절로 눈이 찡그려졌지요. 아무리 그래도 똥에 코를 갖다

대고 싶진 않았어요.

"그런데 할아버지, 대체 이 똥을 어디다 쓰는 거예요?"

"이 코끼리 똥들이 말이다. 종이도 만들고 연료로도 쓰고……. 아주 쓸 데가 많지."

"종이라고요?"

삼카는 눈이 휘둥그레져 물었어요. 물론 삼카의 집에서도 코끼리 똥이나 다른 가축의 똥으로 연료를 쓰고 있었어요. 하지만 종이라니.

삼카는 하얀 종이와 똥을 떠올리며 머리를 갸웃했답니다.

 ## 코끼리 고아원

숲 한쪽에는 밭이 펼쳐져 있었어요. 스리랑카는 종류가 다른 농작물을 일 년에 세 번 심어 거두는 삼모작을 하는데 4월, 봄 수확을 끝낸 지금이 땅을 일구는 시기였어요. 밭에는 사람들이 나와 구슬땀을 흘리며 땅을 일구고 있었지요.

"삼카, 좀 더 안쪽으로 들어가자꾸나. 깊은 숲속엔 코끼리들이 많으니 똥도 많이 있을 게야."

할아버지는 인기척이 없는 곳으로 가야 코끼리 똥이 많을 것이라고 했어요.

삼카와 할아버지가 숲으로 향하는 사이 숲 안쪽에 코끼리 두 마리가 보였어요. 핀나웰라에서는 흔하게 보는 코끼리여서 놀랄 일도 아니었지요.

덩치가 큰 코끼리들은 바나나 나뭇잎을 먹고 옆에 있는 귀뚤 나무줄기까지 다 먹어 치울 요량이었지요.

"저렇게 많은 양의 먹이를 먹으면 숲이 남아나지 않겠어요."

삼카는 코끼리들이 먹는 양을 보며 놀란 듯 말했어요.

"후훗 그렇지. 코끼리는 하루에 무려 200킬로그램이나 먹는단다. 엄청난 양이지. 숲에 있는 나무들뿐이겠니. 사람들이 가꾸어 놓은 농작물까지 먹어 치워 사람들하고도 많이 싸웠지."

먹성 좋은 코끼리는 오래전 사람들과 사이가 좋지 않았어요. 사람들은 코끼리를 미워했고 코끼리 역시 사람들을 공격했지요. 그랬던 코끼리가 지금처럼 많아진 이유가 궁금해졌어요.

"함께 사는 길을 선택한 게지. 서로 미워하면 결국 서로 불행해지는 거야."

할아버지가 말하는 사이 코끼리 두 마리가 똥을 쌌어요. 오늘도 엄청난 양을 먹었는지 큼지막한 똥이었지요.

그런데 그때였어요.

"아이쿠!"

방금 싼 코끼리 똥을 주우러 가던 할아버지가 나무뿌리에 걸려 넘어졌어요.

똥이다~

삼카가 잡을 새도 없이 할아버지는 바닥에 주저앉아 버렸지요.

"할아버지 괜찮으세요?"

"이런, 발을 살짝 삔 것 같구나. 오늘 이 자루에 한 가득 똥을 주워야 하는데 야단났네."

할아버지는 다친 몸을 돌볼 생각도 않고 똥 주울 걱정만 했지요. 그리곤 몸을 일으켜 똥을 주우려 했어요.

"할아버지 몸도 안 좋으신데 그냥 집으로 들어가세요. 나머지 똥들은 제가 주울게요."

삼카는 일단 할아버지를 부축해 숲을 빠져 나왔답니다. 그런데 마을로 들어서니 한바탕 소동이 일고 있었어요.

"왜앵~!"

갑자기 사이렌이 울렸어요. 마을 입구에 있는 기념품 상점들은 가게 앞에 진열되어 있던 코끼리 문양의 다양한 장신구들을 안쪽으로 옮기기 시작했어요. 모두 재빠른 움직임이었지요.

"코끼리 고아원에 있는 코끼리들이 목욕을 하러 가는구나."

핀나웰라에는 코끼리 고아원이 있는데 그곳에서는 어미를 잃은 코끼

리들을 어릴 적부터 보살펴 왔지요.

"그런데 왜 코끼리들의 어미가 없는 거예요?"

하루 두 번, 목욕을 하기 위해 강가를 찾는 수십 마리 코끼리들은 코끼리 고아원에서 온 새끼들이었어요. 예전부터 보아 왔던 풍경이었지만 삼카는 문득 궁금해졌어요.

"삼카 네가 태어나기도 훨씬 전 우리 스리랑카에는 내전이 있었단다. 전쟁을 한다고 밀림 곳곳에 지뢰를 심어 놨는데 지뢰를 밟고 죽은 어미 코끼리들이 많았어. 그리고 사람들하고 사이가 안 좋은 코끼리를 사람들이 많이 죽였지. 그렇게 어미를 잃은 새끼 코끼리들을 데려다가 키우는 곳이 바로 코끼리 고아원이란다."

부모를 잃은 코끼리들이라니. 할아버지의 말을 들은 삼카는 고개를 깊게 끄덕였어요.

삼카는 마음 한쪽이 무거워지는 듯했지요. 새끼 코끼리들이 자신의 모습과 닮았기 때문이었어요.

그때, 할아버지가 저만치서 다가오는 아주머니에게 아는 체를 했어요.

"오늘은 좀 늦은 거 같은데?"

"네, 어르신! 오늘 오전에 고아원에서 행사가 있어 좀 늦었어요. 똥은 많이 주우셨어요?"

할아버지의 말에 자밀라 아주머니는 인사를 하며 대답했어요.

자밀라 아주머니는 코끼리 고아원에서 일하는 사육사였어요. 삼카네 집과도 멀지 않은 곳에 살고 있어서 맛있는 음식을 하면 종종 나눠 주기도 했지요.

마을 가운데를 빠져 나간 코끼리들은 강가로 가서 물에 몸을 담갔어요.

사육사들은 코끼리들이 시원하게 목욕할 수 있도록 야자나무 껍질로 등을 박박 문질러 주었지요. 보기만 해도 시원해 보였어요.

코끼리들이 목욕을 하는 광경을 보기 위해 스리랑카 사람들뿐 아니라 외국에서 온 관광객들도 연신 카메라를 들이밀고 있었지요.

 ## 코끼리 똥이 만든 마을

할아버지를 집까지 부축해서 모셔 온 삼카는 자루를 들고 다시 숲으로 들어갔어요. 하지만 똥을 주워 담을 생각에 막막해졌지요.

"삼카 아니니? 여기 혹시 새끼 코끼리 못 봤니?"

멀리서 누군가가 삼카의 이름을 불렀어요. 자밀라 아주머니였어요. 아주머니는 한참을 뛰어 왔는지 숨을 헉헉거렸지요.

"아니요. 못 봤는데요. 무슨 일이신가요?"

"방금 코끼리들 목욕을 끝내고 돌아가는 사이 새끼 코끼리 한 마리가 도망을 갔지 뭐니."

아주머니는 걱정스러운 표정으로 말했어요. 하루 두 번 강가로 코끼리를 목욕시키러 오는데 가끔 무리에서 벗어난 코끼리들이 있어 찾으러 다니는 일이 많다는 얘기였지요.

"미안한데, 바쁘지 않으면 나와 함께 코끼리를 찾으러 다니지 않을래?"

"바쁘진 않아요. 쓸모없는 코끼리 똥이나 줍고 있었거든요."

삼카는 똥을 줍는 것보다 코끼리를 찾으러 가는 게 더 낫겠다고 생각했어요.

"쓸모없는 똥이라고? 허허, 녀석. 일단 어서 코끼리를 찾으러 가자꾸나."

삼카는 아주머니와 함께 숲으로 들어갔어요. 그리고 한참 만에 잭푸르트 나무 아래에서 나무줄기를 먹고 있는 새끼 코끼리를 발견할 수 있었

답니다. 먹는데 정신이 팔렸던 코끼리는 능숙한 사육사 아주머니의 말을 따랐지요.

"고맙다, 삼카. 네 덕분에 일찍 찾을 수 있었어. 혹시 바쁘지 않다면 나를 따라올래?"

아주머니는 삼카와 함께 마을로 향했어요. 삼카는 똥을 많이 줍지 못해 걱정되긴 했지만, 아주머니를 따라

가는 것도 나쁘지 않다고 생각했지요.

아주머니를 따라 삼카가 도착한 곳의 입구는 커다란 코끼리 간판이 그려져 있는 곳이었어요.

"이곳은 코끼리 똥으로 종이를 만드는 곳이야."

"코끼리 똥으로 종이를 만든다고요?"

삼카는 똥으로 종이를 만든다는 할아버지의 말이

스리랑카

떠올랐어요.

"잘 보렴, 삼카. 네가 줍는 똥들이 어떻게 변하는지 말이야."

냄새나고 더러운 똥으로 어떻게 종이를 만들까 생각하는 사이 자밀라 아주머니가 삼카의 손을 이끌고 공장처럼 생긴 건물 안으로 들어갔어요.

"똥이 어떻게 종이가 돼요?"

삼카는 궁금한 게 많았어요.

"코끼리가 좋아하는 게 바나나 나무껍질, 귀뚤 나무 같은 거잖니. 이 나무들이 유독 섬유질이 많은데, 코끼리 똥에 섬유질이 그대로 남아 있단다. 이 똥들을 잘 씻어 말리고 끓이면 이런 줄기들이 나오지."

아주머니는 햇볕에 널어놓은 것들을 가리키며 말했어요. 분명 코끼리 똥으로 만든 섬유질이라고 했어요. 삼카는 가까이 다가가 코를 벌렁거렸지요.

"하하, 냄새는 나지 않아. 끓이고 말려서 소독이 다 됐거든."

아주머니는 호기심에 찬 삼카를 보면서 섬유질이 만들어지는 과정도

종이가 된 코끼리 똥

설명해 주었지요.

햇볕에 말리고 오랜 시간 끓인 섬유질들을 네모난 틀처럼 생긴 체로 거른다고 했어요. 체에 걸러진 섬유질들은 하얀색을 띠고 있었는데 종이 같은 모습이었어요.

"얇게 핀 종이는 다시 햇볕에 말려 놓으면 된단다. 그럼 종이가 되지."

공장 앞마당에 널어놓은 것들이 다 종이였는데 엄청나게 많은 양이었어요.

"코끼리들이 하는 일 없이 먹고 똥만 싸는 줄 알았어요. 그리고 사람들이 왜 좋아하는지도 이해가 안 됐고요."

"하하. 코끼리들이 하는 일도 많다는 걸 몰랐나 보구나. 코끼리가 부처님의 치아 사리를 운반한 동물이잖니. 그래서 우리 스리랑카 사람들은 코끼리를 사랑하는 거야. 물론 오래전 서로 싸우기도 했지만 말이야. 그뿐만 아니라 코끼리는 차가 못 들어가는 깊은 숲속에서 나무도 옮겨 주고 혼자 2,000킬로그램 되는 것도 가뿐히 들어. 사람이 못하는 힘든 일을 대신해 주지."

할아버지께서 맛있는 요리를 할 때면 늘 코끼리 똥을 연료로 쓰던 게 생각났어요. 사실 삼카는 코끼리에게 고맙다고 느낀 적이 없었어요. 늘 가까운 곳에 있는 코끼리였지만 이렇게 사람들에게 많은 도움을 주는 동물인지 미처 알지 못 했기 때문이지요.

"무엇보다 버려지는 똥으로 종이를 만들고, 그 종이를 팔아 돈을 벌고 또 그 돈으로 코끼리들을 위한 일에 사용한다는 게 참 멋진 일인 것 같아. 그 덕분에 세계 많은 사람이 코끼리를 보러 이곳 핀나웰라까지 오잖니."

아주머니의 말이 맞았어요. 코끼리 똥을 주워 돈을 벌거나 연료로 쓰고 또 그 똥으로 종이를 만들었지요. 똥으로 만든 종이를 팔아 다시 이익을 내면 코끼리들과 마을을 위해 사용했으니까요.

그런 코끼리를 보기 위해 세계 여러 나라에서 핀나웰라를 찾아 왔고 유명한 관광지가 되었으니 이것은 모두 코끼리 덕분이었어요. 핀나웰라는 코끼리들이 만든 마을인 셈이었지요.

"아주머니, 똥이 이렇게 소중하게 쓰이는지 미처 몰랐어요. 저 다시 똥을 주우러 가야겠어요!"

삼카는 자루를 어깨에 짊어지며 말했어요.

삼카는 마을을 지킬 수 있게 해 준 코끼리가 정말로 고마웠어요.

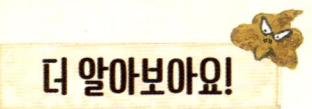

{ 다양한 동식물이 함께 }

스리랑카에서 가장 높은 산은 '피두루탈라갈라산'이에요. 이 산을 중심으로 스리랑카 육지 쪽 지역인 내륙은 해발 고도* 600미터 이상의 높은 산지에 펼쳐진 고원**이 있지요. 스리랑카 남서쪽에는 원시림으로 신하라자 삼림 보호 지역이 있는데 스리랑카만의 희귀한 고유 동식물이 많아요. 야자수, 코코야자, 튤립나무, 케이폭 나무 등의 식물과 코끼리, 표범, 붉은사슴, 원숭이 등 멸종위기에 처한 동물들도 많이 살고 있어요.

섬나라인 스리랑카의 해안 또는 강물과 바닷물이 만나는 하구에는 맹그로브 나무도 많아요. 맹그로브 나무는 파도를 막아 줘 갑자기 바닷물이 크게 일어서 육지로 넘쳐 드는 해일이 일어날 때 해안을 보호하지요.

{ 덥고 습도가 높은 열대 기후 }

섬나라 스리랑카의 기후는 덥고 습도가 높은 전형적인 열대 기후예요. 연평균 기온은 26~30도 사이로 더운 날씨예요. 하지만 내륙의 높은 산지인 고산 지대에는 서리

★ **해발 고도** 바닷물의 표면으로부터 잰 육지나 산의 높이.
★★ **고원** 높은 곳에 펼쳐진 넓은 벌판.

가 내리기도 하지요. 기온이 가장 낮은 겨울철 평균온도는 25도 정도 되고 기온이 가장 높은 달의 평균온도는 29도예요. 이처럼 스리랑카의 연평균 기온은 비슷하고 일교차도 크지 않아요. 하지만 열대 기후답게 평지의 습도는 80~90%에 이르기도 하지요. 바다의 수온 역시 25~27도에 이르는데 높은 수온 때문에 열대 회오리바람이 생기기도 해요.

{ 세계의 명차, 실론티 }

1972년 전까지 스리랑카의 옛 이름은 실론이었어요. 이곳에서 재배된 홍차를 실론티라고 부르는데 스리랑카의 홍차 수출은 인도, 중국에 이어 3위랍니다. 사실 원래 스리랑카 섬에서는 커피를 재배했는데 병충해로 커피나무들이 사라졌어요. 이후 스리랑카를 식민 지배하고 있던 영국이 산간지역에 차를 심었어요. 차나무는 수분이 충분하고 해발 고도 1,000~2,000미터의 고산 지대에 잘 자라요. 그래서 열대 기후인 적도와도 가깝고 고산 지대에 자리한 스리랑카에서 많이 재배될 수 있었죠.

{ 여러 종교가 함께 }

스리랑카는 불교, 힌두교, 이슬람교 등 다양한 종교를 믿지만, 국민의 70퍼센트는 불교를 믿어요. 불교는 인도에서 건너왔는데 힌두교 국가인 인도의 영향을 받아 스리랑카의 불교에는 힌두교적인 문화도 많이 있어요. 이와 비슷하게 인도에서도 불교

를 힌두교의 한 갈래로 생각해 힌두교도들은 석가모니에게 기도를 하기도 하지요. 두 종교의 교리 역시 비슷한데 사람이 죽어서 다시 태어난다는 윤회 사상을 믿기도 한답니다. 불교와 힌두교는 코끼리를 숭배하는 사상 역시 비슷해요. 힌두교의 신 중 하나인 가네샤 신은 사람 몸에 코끼리 얼굴을 하고 있어요. 불교 역시 석가모니의 어머니 마야 부인이 임신했을 때 코끼리 꿈을 꿨다고 하여 코끼리를 신성하게 여기고 숭배한답니다.

{ 스리랑카의 내전 }

스리랑카에는 여러 종족이 살고 있는데 그중 싱할라족이 75%, 타밀족이 약 20%를 차지하고 있어요. 인도 북부에서 이주해 온 싱할라족은 대부분 불교를 믿고 타밀족은 인도 남부에서 거주해 왔는데 힌두교를 믿어요. 20세기 중반, 스리랑카에서 큰 힘을 쥐고 있던 싱할라족과 이에 대한 불만을 품은 타밀족 간의 다툼이 시작됐어요. 그 다툼은 이후 서로가 피를 흘리는 심각한 싸움으로 번졌어요. 두 종족의 많은 목숨이 희생당한 후 2002년 싸움을 쉬기로 하고 휴전 협상을 맺었지만, 이후에도 크고 작은 갈등이 계속되고 있답니다.

{ 핀나웰라의 코끼리 고아원 }

스리랑카는 코끼리가 많아요. 코끼리들이 좋아하는 바나나 나무, 잭푸르트 나무, 귀뚤 나무 등 풍성한 잎과 과일이 있는 식물이 많고 코끼리들이 숨을 수 있는 밀림이 있기 때문이에요.

하지만 덩치 큰 코끼리와 사람들과의 관계가 좋지 않았어요. 사람들이 코끼리가 사는 곳의 산림을 파괴했기 때문이지요. 터전을 잃은 코끼리들은 먹이를 찾아 사람들이 사는 곳으로 왔어요. 사람들은 그런 코끼리를 마구잡이로 죽였고 화가 난 코끼리들도 더욱 사람들을 공격했죠. 사람들은 생각했어요. 코끼리와 사람들이 어울려 살 수는 없을까. 1975년 사람들은 핀나웰라에 코끼리 고아원을 만들었어요. 고아원은 허가 없이 몰래 사냥하는 사람들에 의해 어미를 잃거나 사람들에 의해 죽임을 당한 코끼리의 새끼들이 70마리가량 살게 됐어요. 이후 지금까지 수십 마리의 코끼리들이 고아원에 살고 있지요. 이제 더 이상 사람들과 코끼리의 전쟁은 없어요. 오히려 코끼리들 때문에 관광객이 늘어 또 다른 관광명소가 되어 세계인들이 찾고 있어요.

{ 코끼리 똥으로 만든 종이 }

사람들과 코끼리의 평화로운 공존이 시작됐지만, 문제는 따로 있었어요. 바로 코끼리 똥을 해결할 방법이 없던 거지요. 코끼리는 하루에 200킬로그램의 풀과 과일을 먹고 약 100킬로그램의 똥을 누거든요. 엄청난 양의 똥을 처리하기 위해 한 회사가 생각한 것이 바로 코끼리 똥으로

종이를 만드는 거였어요. 식물을 주로 먹는 코끼리 똥에는 많은 양의 섬유질이 그대로 나와요. 코끼리가 먹는 식물의 90퍼센트는 섬유질이기 때문이지요. 50킬로그램의 먹이를 먹은 코끼리는 10킬로그램을 섬유질로 만들어 내요. 섬유질로 종이를 만들 수 있는데 10킬로그램은 A4 용지 650장 정도를 만들 수 있는 양이에요. 무엇보다 중요한 것은 나무를 베지 않고도 종이를 만들 수 있어서 지구의 환경을 지킨다는 점이에요.

{ **스리랑카코끼리** }

코끼리는 육지에 사는 동물 중 가장 몸집이 커요. 무게가 수천 킬로그램에 달하거든요. 코끼리는 크게 아프리카코끼리와 아시아코끼리로 나뉘어요. 스리랑카에 사는 스리랑카코끼리는 아시아코끼리에 속하며 키 작은 나무로 이뤄진 숲이나 밀림에서 살아가고 있지요.

귀 코끼리 귀는 얇고 커다란데 이는 무더운 날씨를 견디게 해요. 코끼리 귀에는 온몸의 조직에 그물 모양으로 퍼져 있는 매우 가는 혈관인 모세혈관이 몰려 있는데 더위로 뜨거워진 피가 귀에 몰리면 부채질을 해서 피를 식혀 체온을 유지해요.

수명 약 70년을 살아요.

색 다른 코끼리에 비해 몸의 색이 어둡고 코나 귀 끝에는 탈색된 부분이 있어요.

코 자유자재로 움직일 수 있고 먹이를 주면 코로 받는 등 사람의 손과 같은 역할을 해요.

어깨 높이 3.5미터

무게 2~2.5톤 (2,000~2,500킬로그램)

생활 20마리 이상이 무리를 지어 다니며 함께 살아요. 낮엔 주로 휴식하고 밤에 먹이를 먹어요.

035
종이가 된 코끼리 똥

위치 중국 남서부의 히말라야 산맥 북측
기후 차고 건조한 고산 기후
기온 연평균 영하 4도
언어 티베트어

티베트 차마고도
아름다운 길에 함께한 노새

티베트는 세상에서 가장 높은 고원에 자리하고 있어서
'하늘과 닿은 곳'이라고도 해요. 이곳의 높이는 해발 고도 4,000미터이고
낮은 곳은 해발 고도 2,000미터에 이르지요.
해발 고도란 바닷물의 표면으로부터 잰 육지나 산의 높이를 말하고,
고원이란 해발 고도 600미터 이상의 높은 곳에 펼쳐진 넓은 벌판이란 뜻이에요.
그러니 티베트가 얼마나 높은 곳에 있는지, 상상할 수 있을 거예요.
티베트 남부에는 총 길이 2,400킬로미터의 거대한 히말라야 산맥이 흐르고 있어요.
인도 북쪽에서 중앙아시아 남쪽을 연결하는 히말라야는 사시사철 눈으로 덮여 있답니다.
여러 산맥을 끼고 높은 곳에 있는 티베트를 '세계의 지붕'이라고도 불러요.

 ## 말 타는 아이

높은 산에 자리한 고원의 아침은 차가운 공기로 가득했어요. 찬 기운을 떨치기 위해 불을 피우는지 마을 곳곳에 연기가 피어올랐어요.

멀리 눈 덮인 설산을 배경으로 가파른 산 곳곳에 집들이 자리 잡고 있었지요. 이른 아침 식사를 마친 아이들은 벌써부터 나와 어린 말들의 꼬리를 잡으며 뛰어놀고 있었지요.

"워! 워어!"

자시우엔은 말의 속도를 줄이며 마당으로 들어왔어요. 능숙하게 말에서 내린 자시우엔은 무언가 가득 든 자루를 바닥에 내려놓았어요.

"지난번보다 송이를 훨씬 많이 캐 왔구나."

아빠는 절룩거리는 다리로 자시우엔 옆으로 다가와 말했어요.

우리 안에만 있기 때문하닷!

흐엉~

"곧 마방 행렬이 길을 떠나니 송이가 상하기 전에 빨리 소금에 절여 두어야겠어요."

창고에 있던 엄마는 소금밭에서 수확한 소금을 꺼내며 말했지요. 마방이란 말이나 노새 등에 곡식과 소금, 약초 따위를 싣고 다른 지역으로 장사를 하러 다니는 사람들을 가리키는 것이지요.

"이번에도 마쿼토 아저씨한테 우리 물건을 맡기기 너무 미안한데……. 이번엔 무슨 일이 있어도 내가 길을 나서야 할 것 같은데 말이오."

아빠는 걱정스러운 얼굴로 엄마를 바라보며 다리가 저린지 연신 다리를 주무르며 말했어요. 지난번 마방 행렬에 참여한 아빠는 사고로 다리를 다쳐 몇 달간 집에만 있었지요. 그러느라 그동안 생활에 필요한 물건들을 제대로 구하지 못했고, 아빠는 그게 걱정이 되는 모양이었어요.

하지만 엄마는 그런 아빠를 말렸어요. 다리도 온전치 못한 아빠가 걱정되어서였지요.

"다리가 나을 때까지는 꼼짝 말아요. 염치없지만 마쿼토 아저씨께 사정을 해 볼게요."

"우리 노새가 두 번째 자리를 지키며 아주 중요한 일을 해야 하는데 이번에도 내가 빠지면……."

"제가 갈게요! 저도 이제 다 컸어요. 마방 행렬에 참여할게요."

아빠의 말이 끝나지도 않았는데 자시우엔이 불쑥 나섰어요.

엄마, 아빠는 놀란 눈을 하며 자시우엔을 바라보았어요. 오랜 시간 노

새를 타고 윈난성으로 가는 마방 행렬에 참여한다는 것은 쉬운 일이 아니었어요.

"자시우엔, 길도 험하고 너 같은 어린아이는 힘들어……."

"아빠도 저보다 더 어릴 적에 마방 일을 하셨잖아요. 저도 할 수 있어요. 더구나 저는 말을 잘 타니까 문제없을 거예요."

자시우엔은 자신감이 넘치는 목소리로 말했어요.

눈 덮인 설산을 넘어 온 바람이 자루에 담긴 송이를 훑고 지나갔어요. 자시우엔은 송이를 집어 들어 향기를 맡았어요. 그 향기는 마치 말을 타고 달리며 맡는 바람 냄새 같았지요.

노새여야만 해

"자시우엔, 물론 말도 짐을 잘 실어 나르지만 오랜 시간 떠나는 길은 노새를 데리고 가야 한단다."

아빠는 헛간에 매어 있는 노새를 가리키며 말했어요. 노새는 말 보다 짧은 다리에 체구도 작았지만 몸의 뼈대가 발달했고 갈색인 털 색도 선명했지요.

"노새를 끌고 간다고요? 하지만 노새는 말보다 속도도 느릴 텐데……."

자시우엔은 노새보다 말을 더 잘 타고 다녔어요. 마방 행렬에 노새를 끌고 간다면 시간이 무척 오래 걸릴 것이라고 생각했어요.

"자시우엔, 잘 생각해 보려무나. 우리가 가는 길은 가파른 산비탈에다가 험하고 좁은 골짜기들이야. 물론 초원도 만나겠지. 하지만 대부분 험난한 길이야. 너도 알다시피 말은 속도는 빠르지만 아주 예민하고 높은 곳을 잘 오르지 못하잖아."

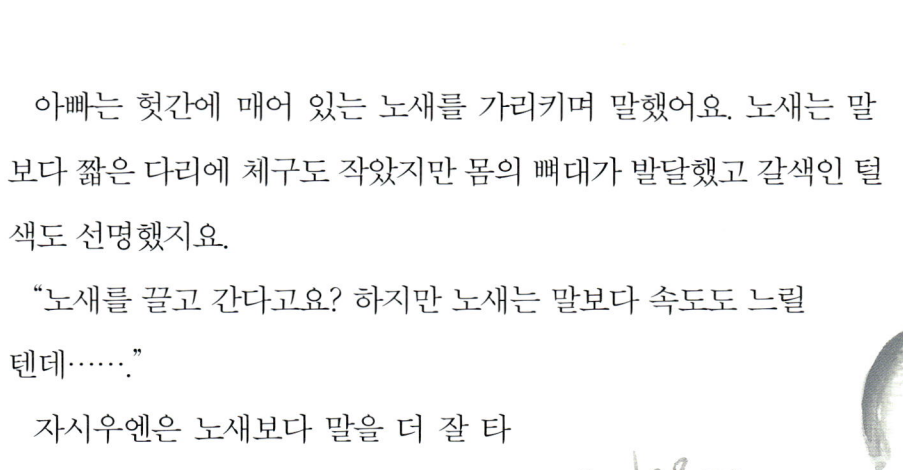

아빠의 말을 듣고 자시우엔은 그제야 고개가 끄덕여졌어요. 오랜 시간이 걸리는 길이었지만 천천히 가야 하는 길이었기 때문이죠. 한쪽은 수천 길 낭떠러지고, 길 폭도 좁았어요. 그래서 사람이건 노새이건, 한 걸음만 잘못 디뎌도 그 아래로 추락하는 사고가 일어나곤 했어요. 그런 길이 끝도 없이 이어졌지요.

그 길의 이름을 차마고도라고 불렀어요.

하지만 자시우엔은 자신이 있었어요. 말도 그랬지만 노새 다루기도 잘했기 때문이에요. 말처럼 노새도 어릴 적부터 친구처럼 지냈지요.

이튿날 아침, 마을 한가운데 위치한 사원에는 많은 사람들이 모여 있었어요. 마을 주민들은 사원 안에 있는 마니차를 돌리며 행렬의 안전을 바랐어요.

마니차란 원통형으로 생긴 작은 불교 도구인데 손잡이가 달린 원통형 마니차 안에는 경전이 돌

돌 말려 있어서 이것을 한 바퀴 돌릴 때마다 경전을 한 번 읽은 것과 같다고 생각했어요. 이렇게 마니차가 돌아가면 부처의 자비심과 위엄이 세상에 퍼진다고 믿고 있었지요.

마을 가운데 노새들의 행렬이 갖춰졌어요. 노새는 모두 30필이 넘었어요. 제일 앞에 있는 노새는 길잡이 노새로 오색 장식을 한 띠를 두르고 머리에 방울을 달았어요. 길잡이 노새는 나머지 노새들을 이끄는 가장 중요한 역할을 했기 때문에 마방들은 길잡이 노새를 꼼꼼히 살폈어요.

"두 번째 자리가 비어서 큰일이군. 첫 번째 자리 못지않게 중요한데……. 두 번째 자리를 누구한테 맡긴담."

마쿼토 아저씨와 마방들이 하는 이야기를 듣고 자시우엔이 앞으로 나섰어요.

"제가 한번 해볼게요!"

자시우엔의 말에 모두 놀란 눈을 하며 바라봤어요.

여기저기 웅성거리는 소리가 들렸어요. 어린아이가 지키기엔 너무 위험한 자리라며 손사래 치는 이도 있었지요. 그런데 뜻밖에도 마쿼토 아저씨가 선뜻 허락했어요.

"그래, 좋아 자시우엔. 한번 해 보려무나. 언젠가 너도 훌륭한 말몰이꾼이 되려면 꼭 해야만 하는 일이니까. 대신, 정말 중요한 자리니 잘해야 한다."

아저씨의 말에 자시우엔은 깊게 고개를 끄덕였지요.

곧 한 줄로 행렬이 갖춰지고 모두 자기 자리에서 노새에 묶여 있는 짐들을 다시 한 번 살폈어요. 앞에서 두 번째 자리에 선 자시우엔은 그제야 실감이 났어요. 어젯밤까지만 해도 당당한 모습이었는데 두 번째 자리에 서자 긴장이 되었지요.

"호이! 워시! 워시!"

마퀴토 아저씨와 노새 몰이꾼들의 노새를 다루는 소리가 곳곳에서 들렸어요. 길잡이 노새의 머리에 단 방울이 달랑달랑 소리를 냈어요. 그 소리를 따라서인지 아니면 늘 다니던 길이 익숙해서인지 노새들은 동요 없이 앞에 선 노새의 궁둥이를 쫓았지요.

행렬은 한참이나 높은 곳으로 향했어요. 한 걸음 한 걸음 내디딜 때마다 자시우엔은 숨이 가빠지는 느낌이었어요. 마퀴토 아저씨 말씀으로는 높은 산에 올라 산소가 부족하기 때문이라고 했어요. 하지만 마방 아저씨들은 익숙한 듯 표정의 변화가 없었고 노새 역시 무리가 없어 보였지요.

어느새 날이 어둑해졌어요. 한낮의 햇살은 온데간데없고 차가운 바람이 다시 불어 닥쳤어요. 마퀴토 아저씨는 눈 쌓인 설산이 보이는 산 중턱에서 하룻밤을 지내고 간다고 했어요.

자시우엔은 다리가 아팠지만, 노새의 상태부터 살폈어요. 자시우엔의 노새도 마방 행렬에 따라나선 것은 처음이었기 때문이었어요. 험하고 가파른 길을 걸어온 노새가 대견하기도 하고 미안하기도 해서 머리를 쓰다듬었어요.

"자, 마셔라. 몸이 따뜻해질 거야."

마쿼토 아저씨는 오랜 시간 끓여 진하게 우러난 보이차를 자시우엔에게 건넸어요. 보이차에 소금을 넣는 것도 잊지 않았지요. 보이차를 한잔 마시니 금세 몸이 따뜻해졌어요.

"차만 한잔 마셨을 뿐인데 기운이 나는 것 같아요."

호호 불어가며 보이차를 마시던 자시우엔이 말했어요.

"그야 물론이지. 차에는 비타민 같은 영양분이 많으니까. 우리 조상들이 오랜 시간 윈난성으로 가서 차를 가져온 이유가 그것 때문이 아니겠니?"

 세상에서 가장 아름다운 길, 차마고도

"오늘은 어제보다 더 험한 길을 가야 합니다. 모두 노새 위에 짐을 단단히 고정시키세요."

이튿날 아침 일찍 마을 어귀에서 마쿼토 아저씨가 마방 아저씨들에게 말했어요. 짐을 잘 묶지 않아 강물로 빠진 경우가 더러 있었기 때문이에요.

선두에 선 길잡이 노새가 방울을 달랑거리며 걸음을 뗐어요. 그 뒤로 노새들이 한 줄로 길잡이 노새를 따랐지요. 얼마 지나지 않아 좁은 골짜기 사이로 뻗어 있는 강을 만났어요.

마쿼토 아저씨는 강을 건너야 한다고 했어요. 노새 몰이꾼 하나가 자신의 몸을 줄에 묶어 외줄을 타고 반대편 쪽으로 건너갔어요. 문제는 노새들이었지요.

'노새들을 어떻게 강 너머로 옮길 수 있을까?'

생각하는 찰나, 마쿼토 아저씨가 길잡이 노새를 외줄에 매달았어요. 기세 좋기로 유명한 길잡이 노새였지만 외줄에 매달리는 것은 싫은지 연신 발버둥 쳤어요.

하지만 금세 반대쪽으로 노새가 이동했어요. 모두 서른 마리의 노새들이 이렇게 옮겨졌지요.

"자시우엔, 조금 더 가면 절벽이 나올 거야. 정신을 바짝 차리지 않으면 300미터 아래로 굴러 떨어질 거야. 특히 노새가 흥분하지 않도록 네가 옆에서 잘 봐야 한다. 알겠지?"

강물을 건넌 지 한참 후에 마쿼토 아저씨가 자시우엔에게 말했어요. 좀 더 위험하고 어려운 길이 나온다는 말에 자시우엔은 긴장됐지요.

예전에 이처럼 위험하고 어려운 길을 가다가 목숨을 잃거나 몸을 다친 마을 사람들이 생각났어요.

'강물을 건너는 것보다 더 험한 길은 어떨까?'

"자, 조금만 더 가면 길이 좁아집니다. 노새들을 절대 흥분시키지 마세요."

마쿼토 아저씨는 길을 정확하게 알고 있었어요. 오랜 시간 차마고도를 간 마방이니, 그럴 수밖에 없었지요. 아저씨의 말대로 곧 좁고 험한 골짜기가 이어진 협곡이 나왔어요. 깎아지른 듯한 절벽을 따라, 발 한두 폭 정도의 너비밖에 안 되는 길이 수백 미터나 이어져 있었고, 길 아래쪽으로는 히말라야에서 시작된 세찬 강물이 휘돌아 가고 있었어요.

노새 몰이꾼 아저씨가 아래를 바라보지 말라고 했는데. 자시우엔의 시선은 자꾸 협곡 아래쪽으로 갔어요. 자시우엔의 등에선 식은땀이 났지요.

'혹시나 우리 노새가 떨어진다면 어떻게 될까. 노새 등에 실은 짐이 바닥으로 떨어진다면……'

아찔한 생각에 자시우엔은 침을 꼴깍 삼켰어요.

"잠깐 멈추세요!"

행렬의 앞에 선 마쿼토 아저씨가 방울을 흔들며 큰 소리로 외쳤어요. 절벽을 걷고 있는 위험한 순간 노새들을 멈추라니…….

"이런, 반대쪽에서 마방 행렬이 오고 있군."

앞의 상황을 전달하던 노새 몰이꾼 아저씨가 긴장된 목소리로 말했어요. 가끔 아빠가 마방 행렬에 대한 이야기를 할 때 가장 위험하고 힘든 순간이라고 했던 행렬 간의 만남이었지요. 언제 어디서 만날지 전혀 모르기 때문에 마방 행렬은 늘 긴장을 해야 한다고 했어요.

"이거 야단났네."

노새 몰이꾼 아저씨가 연신 혀를 찼어요. 반대쪽에서 오는 노새들 역시 족히 스무 마리는 넘어 보였어요. 노새 한 마리도 지나가기 힘들 만한 길을 두 행렬이 마주쳐 지나가야 한다니, 노새의 고삐를 잡고 있던 자시우엔 손에서 땀이 났어요.

자시우엔의 마방 행렬 노새들이 절벽 안쪽으로 바짝 기댔어요. 반대편에서 온 마방 행렬의 노새들 역시 천천히 조심스럽게 지나쳐 갔어요. 마방 행렬이 지나칠 때마다 달랑거리는 방울 소리와 노새의 거친 호흡 소리만 났지요.

그런데 그때였어요. 협곡 위에서 작은 돌이 떨어지더니 급기야 어린아이의 주먹만 한 돌이 떨어졌어요. 돌은 길잡이 노새의 엉덩이에 떨어졌어요. 평소 얌전하기로 유명한 길잡이 노새였지만 떨어진 돌 때문에 흥분을 가라앉히지 못했지요.

마쿼토 아저씨는 반대편에서 오는 노새들을 보느라 미처 길잡이 노새를 말리지 못했어요. 길잡이 노새가 뒷걸음을 치며 자시우엔의 노새에게 다가오려고 했지요.

길잡이 노새 등에 매단 짐이 절벽 아래로 떨어졌어요. 자시우엔은 앞에서 벌어지는 상황을 믿을 수 없었지요.

'노새를 진정시켜야 해.'

자시우엔의 머릿속에는 노새를 진정시켜야 한다는 생각밖에 없었지요. 길잡이 노새가 뒷걸음을 쳐 뒤에 있는 노새들을 덮친다면 서른 마리의 노새뿐만 아니라 반대편에서 오는 노새들 역시 위험해지는 상황이었지요. 짐도, 사람도 마찬가지였죠.

"워, 워어!"

자시우엔은 노새의 고삐를 잡아 뒷걸음질 치게 했어요. 다행히 세 번째 자리한 노새가 조금 멀리 있었어요. 하지만 문제는 반대편 노새들이었지요.

날뛰는 노새를 보자 앞선 노새가 앞다리를 들썩거렸어요. 자시우엔은 자신도 모르게 반대편 노새에게 다가가 고삐를 꽉 잡았어요.

"워! 워! 워!"

반대편 노새의 목을 쓰다듬자 노새는 잠잠해졌어요. 어느 순간 마쿼토 아저씨가 달려와 길잡이 노새의 고삐를 잡아 진정시켰어요.

아주 짧은 시간, 협곡에 난 높고 좁은 길 위에서 일어난 일이라곤 믿기지 않았어요.

"자시우엔, 아주 잘했다!"

좁고 험한 골짜기를 빠져 나오자마자 마퀘토 아저씨는 자시우엔의 머리를 쓰다듬었어요. 아찔했던 기억에 자시우엔은 눈물이 나왔어요.

"괜찮다, 자시우엔. 사람과 노새가 안 다쳐서 천만다행이구나. 걱정할 것 없단다. 아무 일도 일어나지 않았잖니."

마퀘토 아저씨는 편안한 표정으로 말했어요. 걱정하지 말라는 아저씨의 말에 자시우엔은 마음이 놓이면서 눈에 가득 고였던 눈물이 주르르 볼을 타고 흘렀어요.

'만약 노새가 강물에 빠졌으면 어떻게 됐을까.'

자시우엔과 가족의 살림살이를 책임지고 있는 노새였어요. 노새가 없었다면 이 위험하고 좁은 길을 갈 방법이 없었지요. 그래서 노새를 잃는다는 생각만 해도 아찔해졌지요.

"우리는 지금 매리설산을 넘었어요. 이제 이 언덕을 넘으면 윈난성에 가까워집니다. 모두 힘내세요."

한참을 걸어 도착한 언덕에서 눈 덮인 산을 바라봤어요. 언덕에는 누군가 쌓아 놓은 돌담 주변으로 불경이 적힌 룽따가 펄럭이고 있었어요.

룽따란 불교 경전이 적힌 오색의 깃발로 '바람의 말'이라는 뜻을 담고 있어요.

자시우엔과 마방들은 룽따 앞에 서서 남아 있는 마지막 일정을 위해 기도했어요.

더 알아보아요!

{ 세상에서 가장 높은 길, 차마고도 }

오래전부터 중국 윈난성과 사천성에서 재배된 차와 티베트 초원 지대에서 난 말을 물물교역 했어요. 티베트와 중국 윈난성, 사천성의 거리는 아주 멀고 험한데 이 길을 '차마고도'라고 불렀어요.

차마고도는 말 그대로 차와 말을 교역하던 높고 험한 옛길이라는 뜻이에요. 이 길은 역사상 가장 오래된 길이에요. 실크로드보다 무려 200년이나 앞서 만들어졌어요. 차마고도는 중국 남서부의 윈난성, 사천성에서부터 시작해 티베트를 지나 네팔, 인도까지 이어진답니다.

길이만 해도 무려 5,000킬로미터가 넘어 세계에서 가장 길고 오래된 교역로로 꼽히지요. 차마고도는 우리가 생각하는 것처럼 넓은 도로이거나 평탄한 길이 아니에요. 해발 고도 2,000미터에서부터 해발 고도 5,000미터 이상의 높은 고갯길이 산허리를 따라 연결되어 있어요.

깊은 골짜기인 협곡과 높은 봉우리를 오르내려야 할 정도로 아주 험준하지요. 특히 윈난성에서 티베트로 이어지는 길이 험하기로 유명해요. 중간에 위치한 매리설산을 넘어야 하기 때문이죠.

매리설산은 티베트 8대 눈 덮인 설산으로 높이가 6,700미터가 넘어요. 또한 이곳은 티베트 고원에서 시작된 창장(양쯔강), 메콩강, 살윈강들의 상류 지역이에요.

{ 차와 말의 물물교환 }

중국의 윈난성은 기후가 따뜻하고 습기가 많아서 차가 자라기 알맞아요. 또한 윈난 지역 사람들은 자신들만의 독특한 차 가공 기술을 가지고 있어서 맛 좋은 차를 생산할 수 있었어요.

반면 티베트에 사는 사람들은 야크 등의 육식 위주 생활을 했는데 신선한 채소와 과일을 먹기 힘들었어요. 또 높은 고도와 부족한 산소량, 추운 기후 등을 버티기 위해서는 비타민과 같은 영양분 섭취가 필요했죠. 차는 비타민이 풍부해 티베트 고원 지대에 사는 사람들에게 알맞았어요. 그래서 티베트 사람들은 차가 필요했답니다. 반면 몽골 등 이웃 나라와 전쟁 중이던 중국에 가장 필요한 것은 말이었어요. 이로써 중국의 차와 티베트의 말이 서로 교역 물품이 되어 차마고도를 다니게 되었답니다.

{ 소금이 나는 마을 }

티베트 소금 생산지 마을인 옌징은 란찬강을 끼고 있는 작은 마을이에요. 이곳에 소금이 나는 우물이 있는데 사람들은 이 우물 속의 물을 길어 평평하게 다져 놓은 땅에 부어요. 그리고 강한 햇볕에 물이 증발하면 비로소 소금이 만들어진답니다.

바다가 없는 티베트 고원지대에서 어떻게 소금을 생산할 수 있을까요?

이에 대해 두 가지의 가설이 있어요.

8,000만 년 전 중생대 백악기, 아시아 판에 붙어 있던 인도양 판이 떨어져 나가 이동한 후 2,000만 년이 흘러 다시 원래 자리로 돌아오면서 인도양 판과 아시아 판이 충돌했어요. 충돌의 여파로 바다 속에 있던 땅들이 치솟았는데 이것이 바로 히말라야입니다. 이를 융기라고 해요. 히말라야는 원래 바다였다는 거예요. 옌징 마을의 우물은 지하에 남아 있던 거대한 호수에서 나온 바닷물이었던 거죠.

또 다른 이유는 지하에 있는 소금바위인 암염이 녹아 지하수를 타고 밖으로 나온다는 거예요. 아직 정확한 원인은 밝혀지지 않았지만, 티베트인들에게 소금은 사람들에게 또 동물들에게 없어서는 안 될 귀중한 재산이랍니다.

{ 티베트 불교 }

티베트인의 70%는 불교를 믿어요. 인도에서 전래된 불교가 당시 티베트에 있던 토속 종교와 만나 고유의 종교로 탄생됐는데, 라마교라고도 부른답니다. 티베트의 정신적 지도자이면서 실제적인 통치자는 달라이 라마예요. 달라이 라마는 관세음보살의 화신으로 티베트인들에겐 아주 중요한 인물이지요.

티베트 불교는 티베트인들의 일상생활에도 자연스레 스며들어 있어요. 티베트인들은 마을에 있는 불교 사원을 돌며 마니차를 돌려요. 마니차라는 통 안에는 불교 경전이 쓰여 있는데 마니차를 한 번 돌리면 경전을 한 번 읽은 것과 같다고 해요. 또 티베트의 많은 불교신자들은 티베트 수도 라싸로 순례를 떠나기도 해요.

{ 고산지대 티베트인들의 삶 }

티베트인들은 해발 고도 4,000미터 높이에 살고 있어요. 이 땅은 높고 험하며 가파른 편이에요. 티베트인들은 산비탈에 돌을 쌓아 나지막하게 집을 짓고 삶의 터전을 잡았어요. 기후는 여름과 겨울의 기온 차가 매우 큰 고산 기후예요. 가을과 겨울에는 바람이 거세게 불어 매우 춥고 비가 적게 내려요.

티베트인들은 높은 곳의 버려진 땅을 일구어 농사를 지었어요. 감자, 보리, 콩, 밀과 채소 등이 전통적인 방법으로 재배되고 있어요. 또한 티베트 유목민들은 야크, 양, 염소, 말 등을 키우며 가축들에게서 고기와 우유를 얻고 농사일 등에 이용하기도 해요.

{ 차마고도를 오간 마방 }

차마고도를 따라 물건을 실어 나르며 물물교환 등의 거래를 하던 상인이나 그 무리를 마방이라고 해요. 그들은 말이나 노새 등에 소금, 약초, 곡식 등을 싣고 다른 지역으로 장사를 떠나서 곡식을 소금과 바꾸거나 약초 등 필요한 물건과 맞바꾸곤 했지요. 보통 말은 100여 필 또는 200여 필을 데리고 떠나는 경우도 있고, 적은 숫자의 말을 데리고 떠나는 경우도 있어요. 필은 말이나 소를 헤아리는 단위예요.

마방들은 짧은 거리를 오가며 장사를 하기도 하고, 수백 킬로미터가 넘는 아주 먼 거리를 며칠씩 걸려 오가기도 하지요. 마방들이 오가는 차마고도의 길은 아주 위험하고 가팔라서 간혹 마방들이 목숨을 잃거나 다치는 경우가 있어요. 또 말이나 노새, 물건들을 잃기도 해요.

이런 많은 위험을 극복하기 위해선 마방의 우두머리 역할이 중요한데 이들을 '마궈토'라고 해요. 마궈토는 길을 갈 때의 모든 어려움을 이기고 사람과 말들을 목적지로 무사히 인도하는 역할을 해요.

현재 차마고도를 오가는 마방의 수는 급격히 줄었어요. 차마고도를 따라 도로가 많이 건설되었고 현대화가 급속도로 이뤄지고 있기 때문이에요. 하지만 아직도 일부 지역은 마방들이 활동하고 있답니다.

{ 티베트 노새 }

티베트 고원은 세계적인 말 생산지예요. 티베트 고원은 더위에 약하고 추위에 강한 말이 살기에 적합한 환경을 가지고 있답니다. 하지만 말은 성격이 예민해 차마고도를 오가며 물건을 운반하기 어려워요. 더욱이 길이 가팔라지고 기온이 내려가면 말은 힘을 쓰지 못해요. 이런 약점을 극복한 동물이 바로 말과인 포유류 노새입니다. 노새는 지구력이 있고 높은 지대의 환경을 잘 극복할 수 있어요. 성격 역시 온순해서 오랜 시간 물건을 운반할 수 있어요.

머리 맨 앞에 가는 선두 노새 같은 경우 머리에 방울을 달아 이동할 때마다 달랑달랑 소리가 나게 해요. 선두 노새를 따라 뒤에 있는 노새들이 잘 따라올 수 있게 이끌어 줘요.

등 노새의 등 양 옆으로 소금, 곡식, 약초 따위의 무거운 짐을 실어요.

발굽 노새 다리 말단에 있는 두꺼운 각질의 덮개예요. 발굽은 다리를 보호하고 땅에 닿는 충격을 흡수해요.

성격 간혹 좁은 길을 가다보면 반대편에서 오는 마방 행렬과 마주칠 수 있어요. 보통 말이나 노새들은 성격이 예민하고 작은 것에도 잘 놀라요. 그렇기 때문에 선두 노새 또는 말은 항상 성격이 온순한 암컷이 해요. 또 노새가 잘 놀라지 않게 하기 위해 마방의 우두머리인 마궈토의 역할이 매우 중요하답니다.

다리 노새는 보통의 말보다는 다리가 짧아요. 하지만 튼튼한 네 다리는 오랜 시간 걷는데 무리가 없어요. 또 험한 돌길을 걸어도 넘어지거나 잘 다치지 않아요.

아름다운 길에 함께한 노새

러시아 시베리아
유목민의 친구, 순록

툰드라는 '나무가 없는 언덕'이라는 뜻으로
일 년 중 여름 며칠을 빼고 250일이 넘게 눈과 얼음으로 뒤덮여 있는 땅이에요.
계속 얼어 있다는 뜻의 '영구동토 지대', '얼어붙은 들판'이라는 의미도 있어요.
라리사가 살고 있는 러시아의 시베리아 '야말반도'도 툰드라 땅이 지닌 자연환경과
생활 형태를 보여요. 툰드라 지대는 척박한 환경으로 식물이 잘 자라지 못해
농사를 지을 수 없어요. 반면 툰드라 지대에는 석유, 천연가스 등
지하자원이 풍부하게 매장되어 있어요. 툰드라는 주로 북반구와 극 지역에 있어요.
지구상에서 툰드라 지역이 있는 곳은 라리사가 사는
북극의 툰드라, 백두산 같은 높은 산이 있는
고산 툰드라, 그리고 남극 툰드라가 있어요.

위치 북아시아의 우랄산맥에서 태평양 연안
기후 냉대 기후, 북부는 한대 기후
기온 겨울은 평균 영하 30~40도,
　　　 여름은 평균 0~10도
언어 러시아어

여름이 오는 툰드라의 넓은 들판

얼음이 녹은 땅 곳곳에 푸릇하니 풀들이 올라오고 있었어요. 끝이 안 보이는 순록 행렬이 거친 숨을 몰아쉬며 평원을 달렸지요. 수백 마리의 순록을 돌보는 사람들의 얼굴이 편안해 보였어요. 그들 사이에 순록 썰매를 타고 있는 라리사의 표정도 밝았어요.

긴 겨울이 끝난 6월, 툰드라 들판은 여름의 기운으로 가득했어요. 순록들은 길게 한 줄로 앞을 향해 달렸어요. 차가웠던 땅이 여름의 온기를 느꼈는지 풀들이 선명한 색을 띠었지요. 눈 쌓인 툰드라를 달릴 때와는 또 다른 기분이었어요. 라리사는 머릿결에 닿는 바람이 좋았어요.

"강을 건너야 한다!"

라리사의 아빠가 사람들에게 큰소리로 말했어요. 라리사는 강이라는 말에 순록의 고삐를 바짝 잡았어요. 강을 건너는 것은 아주 긴장된 순간이기 때문이었어요.

순록들이 강가에 닿았어요. 어른들은 날렵한 동작으로 맨 앞에 있던 순록들을 강물로 몰아넣었어요.

"이번에 갈 곳은 어떤 곳이에요?"

라리사는 어제까지 살았던 집, '춤'이 생각났어요. 순록들과 함께 툰드라 들판을 달리는 건 좋았지만 살고 있던 곳을 떠나기는 늘 아쉬웠지요.

"야말반도 남쪽으로 내려갈 거야. 풀들이 더 많은 곳으로."

엄마는 순록들을 둘러보며 말했어요.

야말반도는 서시베리아에 있는 툰드라 지역이었어요. 러시아 대륙에서 바다 쪽으로 길쭉하게 돌출되었기 때문에 반도라고 불렸지요.

라리사의 가족은 순록의 먹이가 떨어지면 살던 곳에서 짐을 싸서 이동하는 네네츠족 유목민이었어요.

순록은 한가득 짐을 실은 썰매를 끌고 거침없이 강으로 뛰어들었어요. 한 번에 다섯 마리씩이 묶여 있어 자칫하면 깊이 4미터의 강물 속으로 모두 빨려 들어갈 수 있어서 아빠와 어른들은 신경을 곤두세웠어요.

라리사도 썰매에서 내려 순록들을 살폈어요. 썰매를 끄는 순록들이 맨 앞에서 강을 건너면, 그 다음에는 뒤따르던 일반 순록들이 강을 건너야 했지요.

그런데 시간이 얼마쯤 지났을까…….

"새끼 순록이 물에 빠졌다!"

강가 근처에서 누군가 큰 소리로 말했어요. 라리사는 재빨리 소리가 난 쪽으로 달려갔어요. 강 한가

운데 새끼 순록이 허우적거리고 있었지요. 지난달 태어난 새끼 순록이었어요. 어미가 다리를 다쳐 새끼를 잘 돌보지 않은 탓에 새끼 순록을 라리사가 살고 있는 춤에서 키워야 했지요. 새끼 순록은 물이 너무 차가워 체온이 떨어졌는지 헤엄을 잘 치지 못했어요. 그도 그럴 것이 태어나 처음으로 들어가 본 물이었으니까요.

'어쩌면 좋지……'

라리사 머릿속이 온통 새하얘졌어요. 강 건너 멀리 있는 아빠가 올 수도 없는 상황이었죠. 조금만 더 지체하다간 새끼 순록이 죽을지도 모를 일이었어요.

'첨벙!'

라리사는 두르고 있던 가죽옷을 벗어 놓고 강물 속으로 뛰어들었어요. 강물은 라리사의 어깨까지 오는 정도로 깊지 않은 물이었어요.

라리사는 손을 뻗어 새끼 순록을 잡았어요. 버둥대는 새끼 순록을 잡아 강가로 돌아오려는 순간, 밑이 보이지 않는 깊은 곳에 발을 잘못 디뎠어요.

그러자 몸이 한쪽으로 쏠리면서 라리사는 더 깊은 곳으로 빠져 들어갔어요.

"라리사, 어서 이 막대를 잡아!"

누군가 다급한 소리로 라리사에게 말했어요. 라리사는 손을 뻗어 막대를 잡았어요.

"후디 오빠!"

막대를 건네 준 것은 라리사의 오빠였어요.

라리사는 오빠를 발견하고는 놀란 얼굴을 했어요.

후디 오빠는 툰드라를 떠나 기숙학교를 졸업한 후 러시아 야말로네네츠 자치주인 야르살레시에 살고 있었어요. 그런 오빠가 연락도 없이 가족들을 찾은 것이에요. 사실 후디 오빠는 유목 생활이 힘들다며 가족들을 떠났었지요.

"여기서 오빠를 만나다니, 정말 반가워!"

오랜만에 오빠를 만나니 라리사는 오빠와 함께 순록을 끌고 들판을 달리던 날들이 생각났어요.

"조금만 시간이 지났으면 너까지 위험했을 거야. 어쩌자고 강물에 뛰어든 거니?"

후디 오빠는 걱정스러운 목소리로 말했어요.

"새끼 순록을 꼭 구해야 하니까. 순록을 구하는 건 당연한 거잖아, 오빠."

라리사가 수건으로 새끼 순록의 물기를 닦아 주면서 품에 꼭 안았어요.

"살아 줘서 고마워!"

라리사의 눈에서 눈물이 흘렀어요. 많은 순록 중에서 유독 정이 가는 새끼 순록이었지요. 라리사가 순록의 젖을 짜서 먹이고 또 춤 안에서 잘 곳을 마련해 주기도 했지요. 어미가 없어도 건강히 잘 자라길 바라는 마음뿐이었어요.

강을 건너 온 사람들과 순록의 무리가 다시 속도를 냈어요. 고삐를 바짝 잡은 라리사의 어깨 너머로 태양이 걸려 있었어요. 그 태양은 툰드라의 드넓은 들판을 비추고 있었지요. 해가 길어지는 백야의 햇빛이 툰드라의 저녁을 밝혀 주고 있었어요.

 잃어버린 순록을 찾아서

"이곳이 좋겠습니다! 어서 춤을 짓고 순록 우리를 만듭시다."

순록 무리와 사람들이 평평한 자리에 멈춰 섰어요. 수백 마리의 순록들이 멈추는데도 한참이나 시간이 걸렸지요.

아빠와 후디 오빠, 그리고 어른들은 서둘러 집을 짓기 시작했어요. 네네츠족이 이용하는 전통 가옥 '춤'이었지요. 어른들은 긴 나무 세 개를 뼈대로 하고 순록 가죽을 엮어 만든 큰 덮개를 씌웠어요. 순식간에 여러 개의 춤이 만들어졌어요.

완성된 춤에서 엄마는 제일 먼저 불을 피웠어요. 춤의 한가운데 놓인

　화덕에 불을 피우자 연기가 춤의 지붕 가운데로 빠져나갔어요.

　새끼 순록을 구하느라 지체된 시간 때문에 모두 배가 많이 고팠어요. 엄마는 고기와 빵을 구웠는데 고소한 냄새가 춤 밖까지 번졌어요. 해는 아직도 지지 않았어요.

　그 사이 라리사는 새끼 순록을 살펴보았어요. 새끼 순록은 전처럼 밝은 몸짓으로 춤 인근을 뛰어다녔어요. 앙증맞은 새끼 순록의 모습을 보니 라리사는 왠지 가슴이 뭉클해졌지요.

　몇 년 전이었어요. 강을 건너다 얼음이 녹은 곳에 순록 세 마리가 빠졌는데 순록들은 물에서 나오지 못했고 짐들마저 물속에 잠겨 버렸어요.

　순록들이 죽거나 다치면 네네츠족 사람들의 몸도 아팠어요. 순록은 네네츠족에겐 한 몸과 같았으니까요.

　그래도 어쨌든 오늘은 무사했으니, 편하게 잠자리에 들 수 있었어요.

하지만 다음 날 아침, 녀석들은 또 소소한 사고를 쳤어요.

"이런, 풀어 놓은 순록들이 돌아오지 않는군."

라리사네 옆집 춤에서 있던 아저씨가 라리사 아빠에게 말했어요. 순록은 사람들에 의해 가축화가 되었지만, 자연에서 살던 성질을 그대로 가지고 있어서 다루기가 쉽지 않았지요.

특히 풀어놓고 기를 때는 더욱 그랬어요. 풀어놓은 순록들은 걸핏하면 먼 곳에 나가 돌아오지 않았어요. 사람들에 의해 살아가고 먹이를 얻어 먹지만 스스로 먹이를 찾아 살 수도 있기 때문이었지요.

하지만 사람들에게 순록은 아주 귀중한 재산이었어요. 순록을 잃어버린다면 유목민 네네츠족은 아무것도 할 수 없었죠. 순록에게 우유, 고기, 가죽, 기름, 실 등을 얻고 순록들을 이용해 먼 거리를 이동할 수 있었어요. 살면서 필요한 것들을 거의 모두 얻을 수 있는 순록이 그래서 더욱

071

유목민의 친구, 순록

소중했어요. 그런 이유 때문에 순록의 먹이를 찾아 이동해야 하는 건 당연했지요.

"순록을 찾아 봐야겠군. 후디, 어서 채비하고. 라리사, 너는 춤을 지켜라."

아빠는 순록 가죽으로 만든 옷을 입었어요. 여름이 시작되는 6월이지만 순록을 찾기 위해선 숲에서 며칠을 보내야 했어요. 간단하게 춤을 만들어 며칠을 보내기도 하지만 밤이 되면 추위를 이길 수가 없지요.

"아빠, 이번엔 저도 함께 갈래요!"

라리사는 망설임 없이 아빠에게 말했어요. 도망간 순록을 찾는 일은 쉬운 게 아니었어요. 더욱이 라리사와 같은 어린아이들에겐 더 그랬어요.

"저도 이제 열두 살이잖아요. 춤엔 엄마와 다른 사람들이 있으니 너무 염려 마세요."

"새끼 순록은 어쩌려고 하니? 네가 순록의 우유를 짜서 먹여 줘야 할 텐데 말이다."

"괜찮아요. 엄마가 보살피면 되죠."

라리사는 엄마를 바라보며 눈을 찡긋했어요.

"라리사, 뜯어진 옷도 바느질해야 해. 엄마랑 함께 바느질을 해 보자꾸나. 지난번 보니 너무 서툴더라."

네네츠족 여인들은 바느질을 잘했어요. 생필품이 넉넉지 않은 상황에서 바느질은 꼭 필요한 재능이었어요. 하지만 라리사는 바느질보다 툰드라 들판에서 뛰어노는 게 더 좋았어요.

나는 툰드라의 딸

"순록을 못 찾으면 며칠 야영을 할 수도 있어. 무척 힘든 일이 될 수도 있단다."

순록을 찾으러 가는 길에 순록 썰매를 탄 아빠는 라리사에게 말했어요.

잃어버린 순록을 찾기 위해서 아빠와 오빠, 그리고 이웃 아저씨까지 길을 나섰어요. 운이 좋으면 한 번에 순록을 찾을 수 있지만 그렇지 않으면 순록을 찾는 데 일주일이 걸리기도 했어요.

사람들을 태운 순록 썰매는 작은 강, 물웅덩이 등을 지나 한참을 달렸어요. 툰드라의 계절은 하루가 다르게 변하고 있었어요. 제법 날씨가 풀린 들판에는 툰드라 딸기, 블랙베리 등 작은 열매들이 봉긋하게 올라오고 있었어요. 여름이 오면 먹을 게 지천에 깔린 툰드라의 모든 곳이 순록의 집이기도 했어요. 그래서 순록들은 여러 곳을 다녔어요.

하루 종일 썰매를 끌고 찾아다녔지만, 순록이 지나간 흔적을 찾을 수 없었어요.

"오늘은 이곳에서 자야겠다."

　아빠는 썰매에 싣고 온 춤 재료들을 가지고 간단한 춤을 짓기 시작했어요. 가족이 모두 머무르는 그런 춤은 아니었지만 네 사람이 묵기에 좁지 않았어요. 자리에 누운 라리사는 집에 있는 새끼 순록이 생각났어요. 우유는 잘 먹고 있는지, 아픈 데는 없는지 갑자기 걱정이 되었어요.

　이튿날도 허탕이었어요. 아침 일찍 간단하게 식사를 하고 순록들을 찾아 나섰지만 넓은 들판에서 흩어진 순록을 찾기란 어려운 일이었어요.

　"순록은 무리 지어 생활하니 한 마리만 찾으면 다른 순록들도 쉽게 찾을 수 있을 거야."

순록을 찾기 시작한 지 삼 일째 되는 날, 썰매에서 내린 아빠는 주변을 두리번거리며 말했어요.

순록을 막 찾았을 때는 순록의 소리를 듣기 위해서 모두 조용히 있어야 했어요. 네네츠족 사람들은 아주 멀리서 나는 소리도 잘 들었어요.

하지만 아무리 귀를 기울여도 순록이 있다는 기척이 느껴지지 않았어요.

"여기 순록의 똥이 있어요!"

툰드라의 열매들을 보며 땅을 살펴보던 라리사가 흥분된 목소리로 말했어요. 순록의 똥이라는 말에 사람들이 달려왔어요. 라리사 곁으로 와보니 정말 까만 순록의 똥이 있었지요. 아빠는 똥을 만져 보고는 순록들이

멀지 않은 곳에 있을 거라고 했어요.

"라리사, 어서 소금 주머니를 흔들어라."

라리사는 주머니에서 소금 주머니를 꺼냈어요. 작은 방울 여러 개가 달려 있는 소금 주머니였어요. 순록들에게 소금을 줄 때마다 흔들어 대서 순록들은 방울 소리만 들어도 다가오곤 했어요.

염분이 부족한 툰드라에서 순록에게 소금을 먹는 것은 아주 중요한 일이었어요. 한참 동안 소금 주머니를 흔들자 멀리서 순록의 뿔이 보였어요. 아빠와 오빠, 그리고 아저씨는 순록이 보이자 그곳을 향해 힘껏 뛰었어요.

"휘~ 휘~"

아빠가 순록을 부르는 소리를 내며 순록에게 다가갔어요. 애타게 찾는 줄도 모르고 순록들은 툰드라 들판에서 한가로이 풀을 뜯고 있었어요. 들판 사방으로 열매와 풀들 그리고 순록이 특히 좋아하는 버섯이 가득했어요.

라리사는 소금 주머니에서 소금을 꺼내 순록들을 유인했어요. 재빨리 순록의 수를 센 아저씨가 잃어버린 순록 모두를 찾았다며 손을 치켜세웠어요.

순록을 모두 찾은 라리사는 아빠, 후디 오빠 그리고 아저씨를 따라 가족들이 있는 춤으로 향했어요. 꽤 먼 거리를 왔는데 돌아가는 길은 멀지 않게 느껴졌지요. 예전에 오빠와 들판을 뛰어다니며 놀던 이야기를 하니 어느새 집에 도착해 있었어요.

집에 도착한 라리사는 제일 먼저 새끼 순록부터 살폈어요. 새끼 순록은 춤 밖에서 아이들과 뛰어놀고 있었어요.

"라리사, 이제 새끼 순록을 더 이상 춤에서 키울 수 없단다. 오늘부터는 순록 무리와 함께 있어야 해."

"하지만 아직 어린걸요. 조금 더 여름을 지내고 추워지기 전에 돌려보내면 안 돼요?"

"새끼 순록도 자연에서 뛰어다녀야 한단다. 그래야 추위를 버티는 건강한 순록이 되지."

라리사는 아빠의 말을 듣고 고개를 끄덕였어요. 툰드라의 자연에서 살기 위해선 누구보다 건강한 순록이 되어야 했지요. 그래야만 영하 30도의 추위에서도 버티고 얼음이 녹는 대지 위에서도 마음껏 뛰어다닐 수 있기 때문이었죠.

라리사는 아쉬웠지만, 아빠가 하시는 얘기에 고개를 끄덕였어요.

"오빠, 오빠는 다시 도시로 떠나는 거야?"

라리사의 눈에 눈물이 고였어요. 일 년에 몇 번, 춤으로 온 오빠는 며칠만 지내고 곧 도시로 떠나곤 했어요.

"아니, 라리사. 오빠도 이제 너와 함께 순록을 지키기로 했어. 우리 함께 이곳 들판에서 살자. 난 툰드라의 아들이잖아."

오빠의 말에 라리사의 눈에 고여 있던 눈물이 또르르 흘러 내렸어요. 지지 않는 툰드라의 태양이 눈물 속에서 반짝였어요.

"그래, 나도 툰드라의 딸이야."

라리사가 멀리 태양을 바라보며 낮게 말했어요.

더 알아보아요!

{ 툰드라의 기후 }

춥고 넓은 들판인 툰드라는 낮은 기온 때문에 나무가 잘 자라지 못해요. 또 자주 거센 바람이 몰아치고 우박이 내려요. 툰드라는 겨울이 길고 여름이 짧아요. 여름은 6월부터 8월까지이고 이후는 또 다시 추워져요. 여름이라고 하지만 평균기온이 0도에서 10도 정도여서 우리가 생각하는 여름은 아니에요. 한겨울에는 기온이 점점 내려가 영하 30도 가까이 떨어지기도 해요.

{ 해가 뜨지 않는 '극야', 해가 지지 않는 '백야' }

툰드라는 지구상의 위치를 나타내는 좌표인 위도에서 북극과 가까운 높은 곳에 있어서 하루 중 몇 시간만 해를 볼 수 있어요. 특히 긴 겨울철에는 대부분 해가 뜨지 않는 현상이 나타나요. 이것을 '극야'라고 해요. 해가 뜨지 않아 더욱 기온이 내려가지요. 반면 2~3개월의 짧은 여름철에는 해가 지지 않는 '백야' 현상이 나타나요. 여름철 밤 12시경에도 해가 지지 않아 조금 어둡지만, 사물들을 볼 수 있어요. 해 떠 있는 시간이 길어지면 땅이 조금 데워져요. 그리고 평소 쌓여 있던 눈과 얼음이 녹아 곳곳에 물웅덩이를 만들어요. 이렇게 생긴 물들은 툰드라에 다양한 식물이 살게 하지요.

{ 툰드라의 생명들 }

겨울철의 툰드라 들판은 얼음과 눈으로 덮여 있어서 생명이 살기 어려워요. 하지만 툰드라의 여름은 생명들이 활발하게 싹을 틔워요. 그 중 가장 대표적인 식물은 바로 이끼류인데 이끼는 아주 작고 빽빽하게 자라나지요. 툰드라에 있는 초식동물들의 주식이 바로 이끼예요. 이끼뿐만 아니라 여름에는 툰드라 딸기, 블랙베리, 버섯 등 다양한 식물이 자라요.

툰드라에는 순록 외에도 다양한 동물이 살고 있어요. 사향소, 토끼와 같은 초식동물과 늑대, 여우, 곰 같은 육식동물이 살지요.

{ 순록 유목민, 네네츠족 }

네네츠족은 툰드라 들판인 러시아의 시베리아 지역에 살고 있는 사람들이에요. 이들은 전통적으로 순록을 데리고 다니며 살고 있어요. 이것을 유목이라 하는데 유목은 정해진 거처가 없이 물과 풀을 찾아 이곳저곳을 옮겨 다니며 동물을 키우는 것을 말해요. 네네츠족은 순록이 좋아하는 먹이와 물을 찾아 시베리아 지역을 무리 지어 이동하며 살아요. 네네츠족은 전통적으로 사냥도 했어요. 인근 강가에서 고기를 잡거나 벌판에 있는 다른 동물을 사냥했죠. 하지만 대부분은 순록을 키웠는데 순록에서 여러 가지를 얻었어요.

또 네네츠족이 생활하는 전통 집이나 이동식 집으로도 쓰는 '춤'을 지을 때, 순록 가죽을 이용하기도 했어요. 가죽으로 춤의 덮개를 만들기도 했죠. 춤은 원뿔 모양으로 만들어지는데 이렇게 춤이 지어지면 눈이 천막에 얼어붙지 않고 거센 바람과 눈보라에도 날아가지 않아요.

이 외에도 순록은 네네츠족 사람들의 생활에 여러 가지로 도움을 주었어요. 특히 순록의 힘줄로는 실을 만들기도 했고 뿔은 도시에 나가 팔거나 도구를 만들어 사용하기도 했어요. 네네츠족의 전통 복장은 순록 가죽을 이용해 만든 옷이에요. 날씨가 워낙 춥다 보니 모자까지 연결되어 있는 가죽 외투이지요. 또한 구두와 장화 같은 신발도 순록 가죽으로 만들어 신어요.

네네츠족은 순록을 날고기로 먹기도 하는데, 날고기의 피에는 비타민 종류의 영양소가 많아요. 평소 채소를 먹기 힘든 네네츠족은 꼭 필요한 영양분을 순록에서 얻을 수 있는 거예요.

{ 순록 }

루돌프 사슴으로 잘 알려진 순록은 사슴과에 속하는 동물이에요. 사슴과 동물 중 유일하게 인간에게 길들여져 가축화 되었어요. 짧은 여름이 시작되거나 끝나갈 때면 이끼나 마른 풀 등을 찾아 무리를 지어 이동해요. 툰드라에 사는 사람들에게 고기, 털, 가죽 등을 내주는 순록은 없어서는 안 될 매우 중요한 동물이에요.

뿔
암수 모두 뿔이 있어요. 수컷 순록의 뿔은 암컷을 차지하기 위해 다른 수컷과의 싸움에 사용돼요. 화려한 뿔일수록 다른 순록들을 이기기 유리해요. 화려한 뿔을 본 다른 순록들은 지레 겁을 먹고 덤비지 못하기도 해요.

코
순록은 시력이 좋지 못해요. 많은 거리를 이동하는 순록은 시각보다 후각에 주로 의존해요.

앞가슴
순록은 튼튼한 몸과 근육을 가졌어요. 오랜 시간 이동하기 위해 몸의 근육이 발달하기도 했어요.

먹이
초식성의 순록은 툰드라에서 자라는 이끼, 들판의 풀, 자작나무 잎, 열매, 버섯 등을 먹어요.

몸빛깔
진한 밤색

위치 오스트레일리아 북쪽, 남태평양 서쪽
기후 덥고 습도가 높은 열대우림 기후
기온 연평균 21~35도
언어 피지어, 영어

파푸아뉴기니
새들이 준 선물

파푸아뉴기니는 오세아니아에 있는 섬나라로 그린란드에 이어
세계에서 두 번째로 큰 섬이에요. 오스트레일리아 북쪽으로부터
약 160킬로미터 떨어진 적도 남쪽 서태평양에 있어요.
인도네시아와는 국경을 맞대고 있지요. 파푸아뉴기니는 본토 외에
600여 개의 섬으로 이루어졌어요. 섬 대부분은 아주 오래전
화산 활동으로 생겨났답니다. 이 많은 섬 중 현재까지도 화산 활동이 활발하게
이루어지고 있는 섬들도 있어요. 섬 전체가 파푸아뉴기니 영토는 아니에요.
1,200킬로미터의 구불구불한 뱀 모양의 세픽강이 있는 섬의
동반부는 파푸아뉴기니에요. 서쪽은 인도네시아 영토인데
'서 파푸아'라고도 불려요.

세픽강이 흐르는 마을

"아밀, 오늘 학교 끝나고 일찍 올 수 있지?"

엄마는 기침 섞인 목소리로 말했어요. 벌써 며칠째 엄마는 자리에 누워서 제대로 일어나지 못했어요. 정확한 원인은 알 수 없었어요.

얼마 전 음식을 하다 말고 쓰러진 뒤로 열이 계속 나면서 며칠이나 앓았고, 아직도 일을 나가지 못했어요.

'도시에 가면 금방 병이 나을 텐데…….'

아밀은 아무것도 하지 못하고 그저 누워만 있는 엄마가 안타깝기만 했어요. 사방을 둘러봐도 온통 숲인 이곳에서 할 수 있는 거라곤 아무것도 없어 보였지요.

일 년 중 비가 많이 오는 우기라서 며칠 동안 비가 내리더니 오늘은 간만에 날이 개었어요.

"아무래도 말라리아에 걸린 것 같아."

　아밀이 학교를 가기 위해 세픽강으로 향하는데, 이웃 사람들이 말했어요.

　걱정하느라 한 말이겠지만, 아밀은 말라리아라는 말이 가슴 속에 와 박혔어요. 말라리아에 걸리면 죽을 수도 있다는 생각에 덜컥 겁이 났지요. 얼마 전 옆 동네 부족의 한 아저씨가 말라리아에 걸려 제때 치료를 받지 못하고 세상을 떠났기 때문이에요.

아밀은 파푸아뉴기니 섬의 북쪽, 키가 큰 나무들이 빽빽하게 들어선 깊은 숲에 살고 있었어요. 마을을 끼고 구불구불 뱀 모양을 한 세픽강이 흐르고 있었고 사방은 온통 숲뿐이었어요. 잎이 넓은 열대 나무들이 큰 키를 자랑하듯 하늘 높이 솟아 있었어요. 숲 가운데 카누를 만드는 카나리움 나무가 하늘 높이 자라 넝쿨들을 둘둘 감고 있었어요.

아밀은 마을을 조금 벗어나 세픽강 앞에 섰어요. 다른 친구들도 학교를 가기 위해 벌써 카누에 몸을 실었어요. 아밀도 조그마한 카누에 능숙하게 올라 탄 후 양다리를 벌리고 서서 노를 힘껏 저었어요. 아밀의 머리 위로 알록달록 다양한 색을 가진 새들이 소리를 내며 함께 날았어요. 비가 올 때 모습을 보이지 않던 녀석들이 햇살이 비추자 젖은 날개를 말리듯 강 위를 시원하게 날고 있었어요.

학교에서 아밀은 집에 누워 있는 엄마가 걱정되어 수업을 제대로 듣지도 못했어요. 아밀은 학교 수업을 마치자 한달음에 집으로 달려왔어요.

집에 오니 엄마는 여전히 자리에 누워 있었어요. 아밀은 집 아래 화덕으로 가서 장작을 넣었어요. 조금만 더 있다간 불이 꺼질 것 같아서였지요. 아밀이 사는 곳은 적도와 가까운 파푸아뉴기니지만 지대가 높은 곳은 조금 선선했어요. 게다가 우기가 끝나는 3월이라지만 습도가 높았기 때문에 눅눅함을 없애려면 불을 지펴야 했어요.

"아밀 엄마, 집에 있어?"

나스레 할머니의 목소리였어요. 할머니는 도시로 자식들을 다 보내고 혼자 살고 있었어요. 이웃에 사는 아밀과 엄마를 친자식처럼 대해 주었어요.

할머니는 나뭇잎 그릇에 얌과 고구마를 가득 담아 가지고 왔어요. 땅을 파고 얌, 고구마, 뜨거운 돌을 함께 넣어 찐 것이었어요. 엄마도 아프기 전에 늘 해 준 음식들이었어요. 얌은 마의 한 종류로 파푸아뉴기니 사람들이 주로 먹는 음식 재료였어요. 삶거나 찌거나 구워서 먹는데 언뜻 보면 길쭉한 고구마 같기도 했어요.

"이런, 아밀. 엄마가 아프다고 며칠 동안 머리도 안 감았구나. 우리 파푸아 사람들은 머리가 풍성한 게 자랑인데 말이야. 할머니랑 숲에 가야겠다."

할머니는 아밀의 손을 끌고 숲으로 향했어요. 그리곤 노니나무 아래서 열매를 땄어요. 머리를 감기 위해서는 노니 열매가 필요했어요. 겉이 울퉁불퉁하고 패인 모습이 꼭 감자와 비슷했지만 색은 달랐어요. 노니는 일 년 내내 열리는 열매라 아밀이 사는 숲속 곳곳에서 쉽게 구할 수 있었지요.

"휘리릭, 휘리릭."

잘 익은 열매가 달린 노니나무 꼭대기에서 새가 울고 있었어요. 파푸아뉴기니에서 자주 볼 수 있는 극락조였어요.

"열두줄극락조가 여기까지 왔구나."

할머니는 새의 모습을 얼핏 보고도 이름을 알아맞혔어요.

아밀은 바닥에 있는 작은 돌을 들어 새에게 던졌어요.

"아밀! 그러면 안 된단다!"

할머니는 다급한 목소리로 아밀을 말렸어요. 할머니의 소리에 놀란 아밀이 눈을 동그랗게 뜨고 바라봤어요.

"할머니, 새들이 우리의 열매를 먹잖아요. 어서 쫓아내야죠."

"아니야 아밀. 새들도 열매를 먹어야 하지 않겠니."

할머니는 더 이상 말을 하지 않았어요. 그저 고개를 저을 뿐이었어요.

"아밀, 그만하면 됐다. 이제 집으로 가자꾸나."

할머니는 열매를 더 따려고 하는 아밀을 말렸어요. 아밀은 잘 익은 노니 열매를 그냥 두고 오는 게 이해되지 않아 고개를 갸웃했어요.

"꼭 필요한 만큼만 가져가야 한단다. 그래야 새들도 먹고 또 다른 사람들도 따갈 것 아니니."

아밀과 함께 마을로 돌아온 나스레 할머니는 아밀네 집 마당 한쪽에서 노니 열매를 으깨며 말했어요.

그리고 집 앞에 심어져 있는 코코넛을 따 두 개의 열매를 섞었어요. 마당 가득 코코넛과 노니 향이 풍겼어요.

　이내 할머니는 열매의 즙을 아밀의 머리에 발라 줬어요. 고불고불하고 짧은 머리카락이 금세 윤기가 났어요. 할머니는 그렇게 머리를 감으면 머리카락도 잘 빠지지 않고 건강해진다고 했어요. 그래서인지 파푸아뉴기니 사람들은 대체로 머리숱이 많고 머리카락도 튼튼해 보였어요.
　할머니는 노니 가루를 엄마에게도 먹였어요. 하지만 엄마는 먹을 힘도 없는지 축 늘어져 간신히 입만 벌렸어요. 아밀은 엄마가 빨리 일어나 다른 맛있는 음식을 먹기를 바랐어요.

 ## 고립된 마을

    밤새 하늘이 뚫린 것처럼 비가 내렸어요. 세차게 내리는 비는 지붕으로 쓰는 바나나 나무 말린 잎들을 세차게 때렸어요. 아밀은 쏟아지는 비보다 엄마가 더 걱정되어 이불을 덮어 줬어요.

    이튿날 아침, 그칠 것 같지 않던 비가 잠잠해졌어요. 하지만 아밀의 생각대로 세픽강은 넘쳐 학교에 가지 못하게 됐어요. 강 건너 일을 보러 가야 하는 사람들조차 집 밖에 나와 멀리 강만 바라보았어요.

    "아밀, 아밀……."

엄마가 몇 번이고 힘겹게 아밀을 불렀어요. 아밀이 놀란 듯 엄마에게 다가갔어요. 아파서 누워 있는 사이에 부쩍 야윈 엄마의 얼굴에는 땀이 흐르고 있었어요. 놀란 아밀이 엄마의 이마를 짚어 보니 불덩이 같았지요.

아밀은 당장 물을 떠와 엄마의 입에 갖다 댔어요. 엄마는 물 마실 힘도 없는지 입술을 벌리는 것도 힘겨워 보였어요.

"아밀! 엄마는 좀 어떠니?"

나스레 할머니가 급하게 아밀을 부르며 집으로 들어왔어요. 할머니는 누워 있는 엄마를 보고 손으로 이마를 짚었어요.

"아밀, 어서 추장님 댁으로 가서 의사를 불러 달라 해라."

아밀은 할머니의 말을 듣고 한걸음에 추장님 댁으로 향했어요.

"추장님, 의사 선생님 좀 불러 주세요. 우리 엄마가 너무 아파요."

추장님은 아밀의 말을 듣고 재빨리 전화기가 있는 방으로 갔어요. 몇 번 수화기를 들었다 놨다 했지만 수화기에서 소리가 나지 않았어요.

"이런, 아밀. 오늘 비가 너무 많이 와 전화가 안 되는구나. 하지만 아밀……."

추장님은 잠시 뜸을 들이며 말을 이어 갔어요.

"전화가 된다고 해도 의사가 이 강을 건너오기 힘들 거야. 세픽강이 넘치니 누구도 강을 건너지 못할 게야."

추장님은 안쓰러운 표정으로 아밀을 보며 미안하다고 했어요. 아밀은 추장님의 말에 자리에 주저앉아 울고 싶었어요.

보물을 알려준 새

하지만 아밀은 자리에 주저앉아 울고 있을 수만은 없었어요. 아밀은 한걸음에 집으로 달려가 나스레 할머니에게 이 사실을 알렸어요. 할머니는 이미 알고 있었다는 듯 외출할 채비를 하고 있었어요.

"강이 넘치니 아마 누구도 못 올 게야. 아밀, 일단 이 할머니와 숲으로 가자꾸나."

숲에 왜 가냐는 말을 할 새도 없이 할머니는 아밀의 손을 잡아끌었어요.

숲으로 들어가자 새소리가 들렸어요. 키가 큰 나무 위에는 여지없이 새가 앉아 있었어요.

"할머니, 우리가 왜 숲 속으로 가고 있어요?"

"아밀, 네 엄마가 말라리아에 걸린 것 같아. 말라리아에 좋은 약초를 캐러 갈 거야."

할머니는 어깨에 걸쳐 놓은 약초 가방을 고쳐 메며 말했어요.

"그런데 깊은 숲 속에 약초가 있을까요?"

"이 할머니도 어릴 적 무척 아팠는데 엄마가 숲에서 캐 온 약초를 먹고

건강해졌어."

할머니는 눈을 찡긋 하며 말했어요. 아밀은 주변을 둘러봤지만 도통 약초가 있을 것 같지 않았어요.

"여기 있구나. 이것은 슈와나이란다. 눈이 침침할 때 먹으면 눈이 맑아지지."

얼마 가지 않았는데 약초를 발견한 할머니가 밝은 목소리로 아밀을 불러 알려 줬어요.

"휘리릭! 휘리릭!"

새소리가 가까이에서 들렸어요. 평소 듣지 못했던 새소리였지요. 할머니는 하던 일을 멈추고 소리에 귀를 기울였어요.

"가만, 이 새는 꼬리비녀극락조 소리구나. 저 새를 따라가자꾸나."

"새를 왜 따라가요?"

할머니는 아밀의 말에 대꾸도 없이 손을 잡아끌었어요. 더 깊은 숲으로 발걸음을 옮긴 할머니와 아밀은 새의 보금자리를 발견할 수 있었어요. 나무 아래 나뭇잎 하나 없는 꼼꼼하게 다져진 땅은 꼬리비녀극락조 수컷이 만든 정원이었어요. 수컷은 정원에 암컷을 위한 집을 만들고 그 앞에서 암컷의 사랑을 구하는 구애의 춤을 추고 있었어요.

수컷의 집 근처는 극락조들이 좋아하는 작은 열매들이 지천으로 깔려 있었는데 암컷을 위한 열매였지요. 아밀은 암컷을 향해 구애 활동을 하는 수컷의 모습이 신기해 저절로 미소가 지어졌어요. 상대적으로 많은 수컷들이 암컷을 차지하기 위해 모두 열심히 춤을 추고 있었어요. 아밀은 시간 가는 줄 모르고 극락조를 구경하고 있었어요.

"수컷 새의 깃털이 너무 예뻐요. 저 새를 잡아야겠어요."

아밀은 주변에서 작은 돌을 찾았어요.

"안 돼! 아밀!"

할머니는 다급한 소리로 아밀의 손을 잡았어요. 아밀은 이해되지 않는

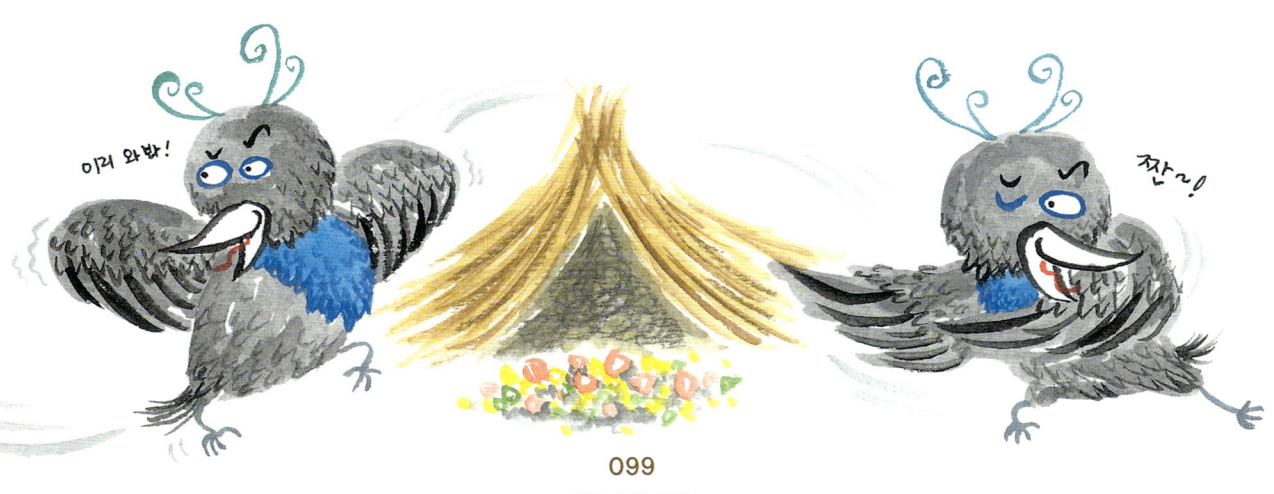

새들이 준 선물

다는 표정으로 할머니를 쳐다봤어요.

"새를 잡다니. 안 될 일이야. 물론 우리도 아주 옛날엔 새를 잡아서 먹었지. 그땐 먹을 게 많지 않았으니까. 하지만 지금은 안 된단다. 우리가 이 새를 따라온 이유는 이 극락조 주변에 아취라는 약초가 있기 때문이지. 아취는 열이 날 때나 말라리아에 걸렸을 때 약으로 쓴단다."

아밀은 말라리아를 치료한다는 말에 눈이 반짝였어요. 어서 약초를 가져다 엄마에게 먹이고 싶었으니까요.

"할머니, 그런데 저 새를 왜 극락조라고 부르는 거죠?"

"극락조는 하늘의 새로 다리가 없어서 죽을 때만 비로소 땅에 내려온다는구나."

아밀은 할머니의 말을 믿을 수 없었어요. 파푸아뉴기니 사람 중에서 극락조의 다리를 못 본 사람이 어디 있을까. 고개를 갸웃한 사이 할머니가 말을 이었어요.

"후훗, 그건 사실 전설 같은 이야기란다. 아주 오래전 뉴기니섬에 유럽인이 처음 왔을 때 원주민들이 서양인에게 다리가 없는 극락조를 선물해 줬지. 깃털이 아름다우니 유럽인들이 극락조를 아주 좋아했거든. 다리가 없어야 보관하기 편리했기 때문이야."

나스레 할머니의 말씀으로는 그런 이유로 당시 유럽인들은 극락조는 실제 다리가 없다고 믿었다는 거였어요. 그리고 평생 하늘을 날다가 죽을 때만 땅에 내려온다는 새를 천국의 새, 극락조라고 불렀고요. 아밀은 극락조라는 새의 이름이 붙은 이유를 듣고 슬퍼졌어요. 새의 다리를 자르다니. 아밀은 상상만 해도 끔찍했어요. 그리고 곧 자신이 돌이나 화살로 새를 겨눴던 것이 생각나 자신의 행동이 부끄러워졌어요.

'숲에 극락조가 없었다면 어땠을까. 사람들에게 도움을 주는 약초나 열매 등을 찾을 수 있었을까.'

"새를 함부로 다뤄선 안 될 거 같아요. 그저 보잘것없는 작은 새라고만 생각했는데 아주 큰 도움이 되는 새였어요!"

나스레 할머니와 아밀은 두둑해진 약초 가방을 메고 집으로 돌아왔어요. 도착하자마자 할머니는 뜨거운 물을 데워 약초를 우려냈어요. 진한 색을 띤 약초 물을 누워 있던 엄마에게 먹였어요. 높은 열 때문에 엄마의 몸은 뜨거웠어요. 꿀꺽꿀꺽 약초 달인 물을 마시는 엄마를 보자 아밀의 눈에선 눈물이 나왔어요.

"아밀, 아밀, 오늘은 지붕을 바꿔야 하는데 늦잠을 자면 어쩌니?"

엄마의 목소리가 꿈속처럼 아늑하게 들렸어요. 아밀도 낮은 목소리로 엄마를 불렀어요. 이윽고 새소리가 귓가에 들렸어요. 따뜻한 햇살이 귓불을 어루만져 주었어요.

"아밀, 어서 일어나렴."

아밀을 깨운 건 진짜 엄마였어요. 며칠 동안 자리에만 누워 있던 엄마가 이전처럼 밝은 얼굴로 아밀 옆에 서 계셨어요.

"엄마! 안 아파요? 괜찮아요?"

"그럼! 안 아프고말고. 어제 너랑 할머니가 가져온 약초 달인 물을 먹으니 오늘은 기운이 나는구나. 자, 이럴 시간이 없어. 지붕을 바꾸는 날이잖아. 그리고 곧 싱싱 축제도 할 거야."

아밀은 엄마가 이른 아침 만들어 놓은 아침 식사를 했어요. 오랜만에 닭고기도 먹었지요. 잎이 넓은 파푸투 나무를 함께 삶아 닭의 누린내도 전혀 없었어요. 역시 엄마가 만들어 준 음식이 제일 맛있었어요.

"마지막 집에 지붕을 올리면 올해 지붕 올리기는 끝납니다. 끝나고 축제를 즐깁시다."

마을 추장님이 큰 소리로 말했어요. 마을 사람들이 추장님의 말에 소리 높여 대답했어요. 마을 곳곳에 심어져 있는 바나나 나무 말린 잎들이 차곡차곡 지붕에 얹어졌어요.

"나스레 할머니, 정말 감사해요!"

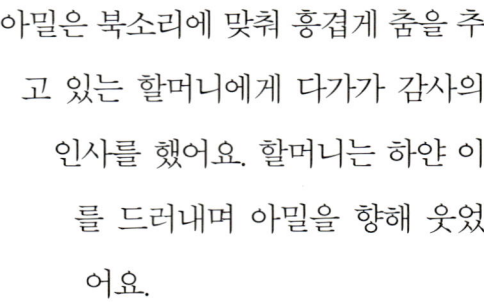

아밀은 북소리에 맞춰 흥겹게 춤을 추고 있는 할머니에게 다가가 감사의 인사를 했어요. 할머니는 하얀 이를 드러내며 아밀을 향해 웃었어요.

아밀은 사람들이 세픽강에서 잡아 온 큰 물고기를 보았어요. 음식을 만들며 노래하는 어

른들의 표정처럼 아밀의 표정도 밝았어요. 아밀은 자리에서 일어나 전통 북소리에 맞춰 새 모습을 흉내 낸 춤을 췄어요.

　마을 너머 숲에서는 새들이 지저귀고 있었어요.

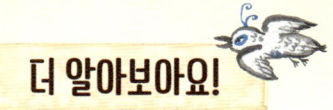

더 알아보아요!

{ 파푸아뉴기니의 기후 }

파푸아뉴기니는 덥고 습도가 높은 열대성 기후예요. 이를 '몬순' 기후라고도 해요. 이곳이 무덥고 습한 이유는 적도 지방인 데다가 일 년 내내 비가 많이 내리기 때문이에요. 전국적으로 일 년 동안 내리는 비의 양은 평균 1,000~2,000밀리미터예요. 하지만 지역별로 차이가 커서 많은 곳은 5,000밀리미터나 내리는 곳도 있어요.

5월에서 10월까지는 건기이고 11월에서 4월까지는 우기예요. 사계절이 뚜렷한 우리나라에 비해 계절 간의 차이도 거의 나지 않아요.

연평균 기온은 21~35도 정도로 따뜻한 곳인데 높은 산이 있는 곳은 기온이 낮아져요. 따라서 열대성 기후이지만 고도가 높은 곳이나 깊은 숲 속에 사는 사람들은 온도가 낮아서 화로 등 난방 시설을 갖추고 생활하기도 해요.

{ 곱슬머리 사람들이 사는 나라 }

16세기 외부인으로는 처음으로 유럽인들이 파푸아뉴기니 섬에 도착했어요. 섬에 있는 열대우림 지역의 나무들을 보고 곱슬머리 같은 섬이라고 불렀죠. 이곳에 사는 원주민들 역시 짧고 곱슬거리는 머릿결을 하고 있었어요. '파푸아'라는 뜻은 말레이어로 '짧은 곱슬머리'라는 뜻이에요. 뉴기니라는 이름은 1545년 오르티스 데 레테스라는 스페인 선원이 지은 이름인데 아프리카 기니만 주민들과 생김새가 비슷하다고 여겨 붙인 거예요. 외부와의 교류가 생긴 이후 강대국들은 섬을 식민지로 삼았고 네덜란드, 영국 등 여러 나라의 식민 통치를 거쳐 파푸아뉴기니는 1975년 독립을 했어요.

{ 다양한 부족들이 함께 }

파푸아뉴기니에는 다양한 부족이 살고 있어요. 조상의 뼈의 모습을 몸에 그리는 우마이족, 진흙으로 만든 귀신 가면을 쓴 채 전쟁에 나갔던 아사로족, 원시 자연의 모습을 그대로 간직한 루파족 등 약 500여 개의 부족이 살고 있어요. 이들이 사용하는 언어도 800개가 넘어요. 이는 험난한 밀림 탓에 부족 간에 교류가 적어 언어가 달라졌기 때문이에요. 과거에는 부족마다 사용하는 언어와 풍습 등이 달라 종족간의 다툼이 많았어요. 지금은 외부와의 교류로 종족 간의 다툼이 많이 사라졌어요. 파푸아뉴기니 원주민들은 각각의 부족마다 축제를 열어 과거 용맹했던 부족의 모습을 보여 주기도 해요. 또 과거 부족 간의 전쟁을 반성하며 화합의 의미를 가진 축제를 여는데 대표적인 축제가 '싱싱' 축제예요. 축제 때는 화려한 치장을 하는데 주로 새들의 깃털을 이용해 꾸미곤 했어요. 원주민들의 이런 모습은 화려한 극락조의 모습과 비슷하기도 해요. 과거에는 원주민들이 새를 사냥해 깃털을 장식품과 예물로 사용했어요. 하지만

지금은 새를 보호하기 위해 새 사냥을 하지 않아요.
파푸아뉴기니 사람들은 높고 험준한 곳에 살고 있어 외부와의 교류가 늦었어요. 그래서 아직도 원시 문화를 그대로 간직한 부족들이 많아요. 현재까지도 돌도끼나 나무 화살촉을 이용해 야생 동물을 사냥하며 살고 있는 부족도 있어요. 하지만 점차 현대 문명이 자리 잡아가고 있어 원시의 문명 모습과 현대 생활의 모습을 함께 간직하고 있답니다.

{ 자연을 이용한 삶 }

적도 지방에 있지만 고산지대의 부족들은 큰 일교차 때문에 집에 불을 피워요. 일 년 내내 습도가 높아 불은 습도를 조절하는 데도 유용하게 쓰이죠. 특히 나무로 만든 집은 높은 습도 때문에 땅과의 거리를 두고 나무 계단을 설치해요. 지붕엔 말린 바나나 나뭇잎과 나무껍질을 얹어 지붕 재료로 써요. 이런 것들은 더위를 막아 줄 뿐만 아니라 습도를 조절해 사람들이 생활하기에 알맞지요.

먹을거리 역시 자연에서 얻어요. 주식으로는 맛과 생김새가 고구마와 비슷한 농작물인 꿈빌리와 사구야자나무에서 얻은 야자 전분 등을 요리해 먹어요. 또 인근 숲에서 사냥한 동물과 강이나 바다에서 잡은 물고기도 먹어요. 주변에서 쉽게 구할 수 있는 바나나, 잭푸르트, 파파야 같은 열대 과일에서 필요한 영양분을 얻어요.

{ **야생동물의 천국, 열대우림** }

높은 강우량과 기온으로 파푸아뉴기니는 나무가 우거진 숲인 삼림이 많아요. 이곳 영토의 80퍼센트가 숲으로 덮여 있어 지구상에 있는 4대 열대우림 중 하나로 꼽혀요. 열대우림은 풍부한 먹이와 야생동물들이 살기에 알맞은 환경이 갖춰져 있어 생물 다양성이 완전하게 유지되고 있어요.

파푸아뉴기니에는 약 22,000종의 식물이 살고 있고 200종의 포유동물이 살고 있어요. 울창한 열대우림 속에는 나무캥거루, 쿠스쿠스 등 멸종 위기에 있는 야생동물들도 볼 수 있어요.

특히 화려한 모습을 한 극락조, 정원을 꾸미는 바우어새 등, 무려 780종의 새들이 살고 있답니다. 극락조는 파푸아뉴기니 국기에 그려질 만큼 나라의 상징이기도 해요. 파푸아뉴기니에는 약 40여 종의 극락조가 살고 있는데 전 세계 개체 수의 약 90퍼센트가 이곳에 서식하고 있답니다.

{ 암컷에게 구애 활동을 하는 새들 }

화려한 깃털을 가진 극락조 수컷은 세상에서 가장 아름다운 새로 알려져 있어요. 수컷 극락조는 암컷에게 독특한 방법으로 구애 활동을 해요. 바우어새 역시 암컷을 위해 집을 짓는 등 암컷에게 구애 활동을 하는 새로 유명해요.

'꼬리비녀극락조 수컷'

온통 까만 깃털을 가지고 있어요. 이마에 빛나는 반사판이 있고 꼬리에는 깃이 달려 있어요. 꼬리비녀 수컷 극락조는 1년 중 3개월의 털갈이 시기를 빼고 나머지 9개월간 암컷에 대한 구애 활동을 해요. 또 하루 중 대부분을 땅에서 보내는데 정원을 꾸미고 청소를 해요. 그리고 노래를 불러 암컷 극락조를 부르죠. 수컷 극락조는 암컷 극락조 앞에서 춤을 춰요. 암컷에게 자신의 구애가 받아들여지면 짝짓기를 해요.

'열두줄극락조 수컷'

아랫부분은 노란색 깃털이고 가슴부터 머리까지는 검은 깃털이에요. 꼬리에는 12개의 깃털이 달려 있어요.

'바우어새'

바우어새는 '신방짓기새'라고도 해요. 수컷 극락조와는 달리 수컷 바우어새는 화려하지 않아요. 바우어새는 암컷을 위해 집을 지어 놓고 암컷을 초대해 보여 주며 구애 활동을 하는 새랍니다.

그린란드
얼음나라의 썰매 개

동서 최대 길이 1,200킬로미터로 세계에서 가장 큰 섬인 그린란드는
북아메리카 북동쪽 대서양과 북극해 사이에 있어요.
북쪽은 북극해가 있고 동쪽은 그린란드해, 서쪽은 캐나다, 남동쪽은 대서양이 있어요.
그린란드 전 국토의 80퍼센트는 얼음으로 뒤덮여 있어요.
날씨가 매우 추워 농산물을 재배할 수 없어요. 그린란드 대부분의 사람들 역시
그린란드에서도 비교적 온난한 기후를 보이는 남서쪽 해안가에 살고 있어요.
해안가에 사는 그린란드인들은 대부분 수산업에 종사하고 있어요.

 ## 눈 폭풍 속 태어난 새 생명

"아빠! 폭풍이 몰려오고 있어요."

로데라의 말에 아빠는 한참동안 대꾸가 없었어요. 로데라는 창밖을 바라봤어요. 온통 눈으로 덮인 세상이었어요. 멀리 먹구름들이 금세라도 동네를 집어삼킬 것 같았지요.

"빨리 강아지들을 데리고 와야 해요! 이제 겨우 태어난 지 삼 일 됐다고요."

로데라는 발을 동동 굴렀어요. 하지만 여전히 아빠는 꿈쩍도 하지 않았어요.

"로데라, 아무리 추운 날이어도 강아지들은 밖에 있어야 해."

한참 만에 입을 연 아빠가 무덤덤하게 이야기했어요. 로데라는 밖으로

나가기 위해 순록 가죽 신발을 신으려다 말았어요.

"하지만 우린 이누이트족이에요. 꼭 필요한 사냥을 빼고 함부로 생명을 죽일 수 없어요!"

"그건 우리가 하는 게 아니라 자연이 하는 거란다. 우리 인간이 끼어들 수 없는 일이지."

아빠는 냉정하게 말했어요. 로데라는 깊게 한숨을 쉬고는 방으로 들어갔어요.

로데라가 사는 작은 마을 일루리사트는 그린란드 서부 해안가에 자리 잡고 있었어요. 그린란드는 북극점과 가장 가까운 땅으로 사시사철 얼음으로 뒤덮인 곳이었어요.

그린란드인은 누구나 썰매 개들을 키웠지요. 하지만 요즘은 생활이 많이 현대화되어 점점 썰매 개를 키우는 사람이 적어지는 게 사실이었어요. 그런데도 로데라 가족은 열다섯 마리가 넘는 썰매 개들을 키우고 있었어요. 그 중 한 마리가 얼마 전 새끼를 낳은 것이었지요.

새끼는 모두 다섯 마리로 온몸에 하얀 털과 검은 털이 덮여 있었어요. 어미는 하필 몹시 추운 날 새끼를 낳았어요. 좀 따뜻할 때 새끼를 낳으면 좋으련만……. 너무 추운 날 태어난 강아지들은 죽기도 했으니까요. 로데라는 눈도 못 뜬 새끼들이 눈밭에 있는 걸 보니 눈물이 날 것 같았어요.

아빠가 절대로 집 안으로 데리고 오지 못하게 했기 때문이었죠.

이튿날, 일찍 눈을 뜬 로데라는 새끼들이 걱정되어 가만히 있을 수가 없었어요. 순록 가죽으로 만든 신발을 신고 사향소 털로 만든 옷을 걸쳤어요. 폭풍은 새벽에 물러났지만 추위는 여전했지요.

문을 열고 밖으로 나가자 얼음꽃들이 피어 있었어요. 이누이트족은 얼음꽃을 밟으면 복이 온다고 믿었어요. 로데라는 간절한 마음을 담아 얼음꽃을 밟았어요.

썰매 개들은 로데라의 집 앞에 묶여 있었어요. 밤새 밖에서 웅크리고 자던 썰매 개들이 로데라가 나오자 몸을 일으켜 꼬리를 흔들었어요. 로데라는 썰매 개들에게 인사할 새도 없이 어미 썰매 개에게 다가갔어요. 로데라는 조심스레 강아지들이 들어 있는 상자를 열어 봤어요. 강아지들은 모두 작은 몸짓으로 꼬물거리고 있었어요.

"모두 살아 있어!"

로데라는 눈보라에도 살아 있는 강아지들이 대견했어요. 이 추위도 견뎠다면 어떤 혹독한 추위도 이겨 낼 것이라 생각했어요.

"거봐라. 그린란드 썰매 개들은 이깟 추위에 죽지 않아."

아침 식사가 차려진 식탁 위, 아빠가 바다표범으로 만든 스프를 떠먹으며 말했어요. 오랜만에 보는 바다표범 스프였어요.

"안드레아 아저씨가 얼마 전 바다표범을 잡았어. 귀한 걸 잡고 우리도 좀 나눠 줬단다."

푸짐하게 한상 가득 차려진 밥상을 보니 로데라는 군침이 돌았어요.

"로데라, 많이 먹어 두려무나. 오늘은 멀리까지 가서 사냥을 해야겠다. 추위를 타지 않으려면 열량이 높은 고기를 먹어야 한단다."

로데라는 사냥이라는 말에 신이 났어요. 빨리 썰매 개를 타고 사냥터로 나가고 싶었어요.

생명의 젖줄, 그린란드 바다

아침 식사를 마친 로데라는 아빠와 함께 사냥 갈 채비를 했어요.

"오늘은 북쪽으로 가자꾸나. 한 시간만 올라가면 바다표범이 있을 거야. 그곳에서 얼음을 뚫고 물고기도 잡자꾸나."

아빠는 고글을 쓰며 말했어요. 눈밭을 달리면 하얀 눈 때문에 눈이 부셨지요. 그래서 외출할 때 고글은 필수품으로 지니고 다녔어요.

"북극곰을 만나면 어떻게 해요?"

로데라는 걱정스러운 목소리로 말했어요. 북극곰은 생긴 건 아주 귀여웠지만, 성격은 사나워 사람들이 맞서기에 위험한 동물이었어요.

"걱정 말거라. 썰매 개들이 있잖니."

썰매 개 한 마리가 북극곰을 상대할 순 없었지만 썰매 개 여러 마리는 북극곰을 이길 수 있었어요. 바다표범, 사향소, 순록 등도 거뜬히 사냥하는 녀석들이었으니까요.

"로데라, 오늘은 네가 개 썰매를 끌려무나. 아빠는 오늘 스노모빌을 타고 가야겠다."

얼음나라의 썰매 개

"스노모빌은 왜요?"

그린란드에서는 차보다 전동 오토바이인 스노모빌과 개 썰매를 주로 이용했어요. 하지만 요즘은 개 썰매보다 스노모빌을 이용하는 집이 늘었어요.

"이웃 마을에 사는 드프녀 아저씨네 집에 다녀오려고 한단다. 오늘 잡은 것들을 나눠 주려고. 그럼 네가 썰매 개들을 끌고 집으로 돌아오면 될 것 같아. 거리가 멀지 않으니 할 수 있겠지?"

로데라는 고개를 끄덕였어요. 썰매 개를 모는 일은 이누이트족에겐 꼭 필요한 일이었어요. 하지만 생활이 현대식으로 많이 바뀌면서 그린란드에 사는 아이들 중 썰매 개를 몰 줄 아는 아이들은 별로 없었지요. 반면 로데라는 어릴 적부터 아빠를 따라 썰매 개를 몰아 봤기에 개 썰매를 타는 데 익숙했어요.

"스노모빌 같은 기계가 하는 일은 한계가 있지. 이 추운 곳에서 살기 위해선 우리에게 개들이 꼭 필요하단다. 생활이 많이 바뀌어도 우리가 개를 버릴 수 없는 이유란다."

아빠는 스노모빌을 사 오던 날 로데라에게 말했어요. 스노모빌이 있으면 이제 썰매 개들이 필요 없지 않냐고 묻는 로데라에게 아빠는 그렇지 않다고 했어요.

로데라는 열다섯 마리의 썰매 개가 묶여 있는 썰매에 앉았어요. 썰매에는 바람을 막아 주는 순록 가죽이 깔려 있었어요.

"로데라, 개 썰매를 탈 때는 항상 조심해야 한다. 개들이 서로 엉키지 않게 말이야."

로데라는 아빠의 말을 듣고 썰매 개들의 고삐를 바짝 잡았어요. 로데라가 출발하자 아빠가 뒤를 따랐어요. 폭풍이 몰아쳤다고 믿기지 않을 정도로 하늘은 파랬어요. 항구 쪽 바다에는 곳곳에 내륙 빙하에서 떠내려 온 빙하와 빙산 그리고 작은 얼음 덩어리인 유빙이 떠 있었어요. 고깃배들은 얼음을 깨고 출항 준비를 하고 있었고 낚시를 하고 돌아온 고깃배 주위로 바다쇠오리와 갈매기들이 몰려들었어요.

길 한쪽엔 썰매 전용 표지판이 세워져 있었어요. 그린란드에만 있는 표지판이었어요. 표지판을 뒤로하고 마을을 벗어나자 세상에 보이는 거라곤 온통 눈뿐이었어요. 썰매 개들은 앞만 보고 달렸어요. 설원을 달리는 개들은 더욱 신이 나 보였어요.

한참을 달려 도착한 곳은 얼음이 뒤덮인 곳이었어요. 로데라는 썰매 개들을 정돈시켰어요. 썰매 개들은 순했지만 한번 화가 나면 자기들끼리 공격하는 습성이 있었어요. 개들끼리도 힘이 있고 없음에 따라 순서가 있어서 틈이 나면 세력 다툼을 하곤 했어요.

"이곳에 얼음을 뚫자."

아빠는 얼음이 잘 얼었는지 발을 통통 굴렸어요. 발밑에 진동이 느껴진다면 그건 깨지는 얼음이었어요. 날이 추워 그런지 다행히 깨지는 얼음은 아니었어요. 아빠는 톱으로 얼음을 잘라 구멍을 냈어요. 구멍 안으로 검

푸른 바다가 일렁였지요.

　아빠는 미끼를 꿴 낚싯줄을 납작한 널빤지에 묶어 물속에 넣었어요. 널빤지는 수심 300~500미터 바닥에 닿은 뒤 바닷물의 흐름에 쓸려 멀리 이동하겠지요.

　그리고 몇 시간이 지나면 먼 바다에 있던 넙치와 대구들이 낚싯줄에 있는 미끼를 물어 잡혀 올라올 테고요.

　몇 시간이 흐르고 아빠가 낚싯줄을 끌어 올리자 낚싯줄에 물고기들이 함께 올라왔어요.

　잠시 뒤 아빠는 작살을 이용해 큰 고기를 잡았는데 바로 상어였어요. 실패 없이 한 번에 잡은 아빠의 사냥 실력이 그저 놀라울 뿐이었지요.

　"자, 이제 바다표범을 잡으러 가자꾸나."

　낚시를 마친 아빠는 잡은 생선들을 상자에 담아 썰매에 올려놓았어요.

생각보다 많이 잡진 못했지만 이 정도면 며칠을 두고 먹을 수 있었어요.

"쉿! 저기에 바다표범이 있다!"

잠시 뒤 썰매를 끌고 이동한 곳에서 아빠가 작은 목소리로 말했어요. 아빠의 말을 듣고 로데라는 개들을 자리에 앉혔어요. 개들은 로데라가 시키는 대로 몸을 웅크렸어요. 인기척이 느껴지면 바다표범은 금세 도망가 버리곤 했어요.

아빠는 로데라에게 작은 망원경을 건넸어요.

바다표범이 얼음 위로 올라와 쉬고 있는 모습이 보였어요. 아빠는 어깨에 둘러멘 총을 들어 바다표범에게 겨눴어요. 모두 숨죽인 순간, 아빠가 '탕'하고 한 발의 총을 쐈어요.

하지만 총은 빗나갔어요. 얼음에 맞은 총 소리에 놀란 바다표범이 재빨리 바다로 뛰어들었어요. 아빠는 총을 내려놓고 다시 떠날 채비를 했어요.

"아빠, 바다표범 안 잡아요? 조금만 있으면 다시 나올 것 같은데……."

"오늘은 안 잡아도 될 것 같구나. 상어를 잡았으니 말이다. 바다표범도 예전처럼 많지가 않으니 오늘은 그만 가자꾸나."

아빠는 갈수록 기후가 따뜻해져 바다표범, 물개, 북극곰 같은 동물이 많지 않다고 했어요. 빙하도 많이 녹아 바다표범과 북극곰들이 갈 곳이 점점 없어진다고 걱정하셨지요. 이 동물들마저 없어지면 이곳 사람들은 살기가 더욱 힘들어질 테고요.

"로데라, 아빠는 드프르 아저씨네 집에 다녀와야겠다. 오늘 잡은 상어를 좀 나눠 줘야겠어. 혼자 집에 갈 수 있겠지?"

"네, 걱정 마세요."

로데라는 물고기와 상어를 실은 썰매를 탔어요. 비록 바다표범은 잡지 못했지만 상어를 잡았으니 아쉬울 게 없었어요. 배가 부른지 썰매 개들의 상태도 좋아 보였어요.

썰매 개를 끄는 로데라가 출발하는 것을 보고 아빠는 스노모빌을 타고 반대쪽으로 향했어요.

폭풍을 물리친 썰매 개

 썰매 개들은 눈 덮인 설원을 달렸어요. 마을에서 멀지 않은 곳이라 얼마 지나지 않아 로데라는 집에 도착할 수 있었어요. 썰매 개들을 묶었던 줄을 가지런히 정리해 두고 엄마와 함께 잡아온 물고기를 손질했어요. 그리고 대구는 말려 두려고 처마 밑에 내걸었어요. 강한 바람에 며칠을 두고 말리면 오래 두고 먹을 수 있었으니까요.

 할 일을 모두 마치고 집안으로 들어온 로데라는 엄마가 끓여 준 따뜻한 차를 마셨어요. 영하 30도까지 떨어지는 날씨 탓에 수시로 따뜻한 차와 음식을 먹어 줘야 했어요.

 "이런, 눈보라가 치는구나."

 사향소 털로 뜨개질을 하던 엄마가 창문 너머 하늘을 바라보며 말했어요. 로데라는 엄마의 말에 창밖을 봤어요. 아빠가 올 시간은 한참이나 지나고 있었어요.

 "엄마, 아무래도 무슨 일이 난 것 같아요. 제가 잠깐 다녀올게요."

 로데라는 털옷들을 꺼내 입으

며 말했어요.

"안 된다, 로데라. 네가 가기엔 너무 위험해. 일단 구조대를 부르자."

엄마는 전화기를 들어 구조대에 전화했어요. 하지만 이내 어두운 목소리를 하며 전화를 끊어 버렸어요.

"지금 구조대가 다 출동해서 당장은 갈 수 없다고 하네. 이를 어쩌면 좋지."

"엄마, 제가 다녀올게요."

"너 혼자 어딜 간다는 거니? 위험해!"

"안드레아 아저씨네도 썰매 개가 있으니 아저씨께 부탁을 해 볼게요."

로데라는 엄마의 말을 듣지도 않고 밖으로 나왔어요. 웅크리고 누워 있던 썰매 개들이 로데라를 보자 반갑게 꼬리를 흔들었어요. 로데라는 썰매 개를 끌고 아저씨네로 향했어요.

"이런, 스노모빌은 고장이 잘 나는데, 아마도 엔진이 고장 났을 게야. 어서 타거라."

안드레아 아저씨는 로데라의 말을 듣고 재빨리 썰매에 앉았어요.

로데라는 눈보라가 치는 설원을 아저씨와 함께 달려 마음이 놓였어요. 갈수록 썰매 개를 타지 않고 스노모빌을 이용하는 사람들이 많아 종종 사고가 생기곤 했어요. 스노모빌은 고장이 잘 나는 편이었지요. 스노모빌은 고장이 나면 되돌아올 수 없었지만 개 썰매는 달랐어요. 또 개 썰매는 평평한 곳이라면 하루 200킬로미터 이상을 달릴 수 있었어요.

눈밭을 하염없이 달리고 있는 안드레아 아저씨는 거친 소리를 내며 썰매 개들을 재촉했어요. 그 뒤로 로데라 역시 썰매 개들을 재촉하며 달리고 있었어요. 그런데 그때였어요.

"어! 안 돼!"

로데라가 타고 있던 개 썰매를 끌던 썰매 개 한 마리가 무리에서 뒤쳐지더니 갑자기 줄이 엉켜 버렸어요. 안드레아 아저씨는 재빨리 자신의 썰매 개들을 세웠어요. 로데라도 재빨리 줄을 잡고 개들을 세웠어요. 속도가 빨라 개들이 순식간에 뒤엉켰어요.

다행히 썰매는 뒤집어지지 않았지만 자칫하다간 썰매가 뒤집어져 큰 사고로 이어질 수 있었어요. 로데라는 뒤쳐진 개를 바라봤어요. 개는 힘든지 연신 헉헉 거렸지요. 로데라는 이를 악물고 다시 줄을 잡았어요. 썰매 개들은 부채꼴 모양으로 나란히 선 채 앞을 향해 달렸어요.

"로데라! 저기 무언가 보이는구나."

저편 앞, 눈으로 덮인 곳에 무언가 움직이고 있었어요. 아주 멀리 검은 점처럼 보인 것은 바로 아빠였어요.

"아빠!"

로데라의 개 썰매가 가까이 다가갈수록 검은 점은 더욱 선명해졌어요. 아빠가 지친 얼굴로 로데라와 썰매 개들을 바라봤어요.

"네가 여기까지 와 주었구나."

"아빠! 무사해서 다행이에요!"

로데라는 썰매에서 내려 아빠를 끌어안았어요. 아빠의 볼은 무척 차가웠어요. 안드레아 아저씨의 표정도 밝았어요.

썰매 꽁무니에 스노모빌을 연결하고 아빠와 로데라 그리고 안드레아 아저씨는 개 썰매에 앉아 집으로 향했어요. 눈보라를 헤치고 달린 썰매 개들은 지친 기색이 없이 씩씩하게 설원을 달렸어요. 먼 바다에 떠 있는 거대한 빙산이 푸르스름한 속살을 드러내고 있었어요.

로데라는 아빠, 엄마가 있는 그린란드가 좋았어요. 사냥한 고기를 나눠 주는 안드레아 아저씨와 눈밭을 달리는 썰매 개가 있는 이곳 그린란드에 살고 있어 다행이라는 생각이 들었어요. 눈 쌓인 땅을 달리니 마치 하늘을 나는 기분이었어요.

더 알아보아요!

{ 그린란드의 기후 }

그린란드의 대부분은 빙설 기후예요. 일 년 중에 최고 따뜻한 달의 평균기온이 0도 이하인 기후를 빙설 기후라고 해요. 때문에 그린란드 땅 표면은 대부분 두꺼운 얼음층으로 덮여 있어요. 바다와 접해 있는 해안가의 땅은 얼음이 덮이지 않은 툰드라 기후예요. 툰드라 지역에서는 짧은 여름철에 고산식물, 이끼와 같은 선태류 등이 자라요. 고산식물은 바람이 세고 기온이 낮은 곳에 살며 키가 10센티미터 정도밖에 안 되는 작은 식물이에요. 그린란드에서 가장 기후가 온화한 남서부 해안에서는 바늘잎나무들로 빽빽한 침엽수림을 볼 수도 있어요.

{ 초록섬(Green Land)이라는 이름이 붙은 이유 }

982년 노르웨이 사람인 에리크가 처음으로 이 섬에 왔어요. 에리크는 섬을 보고 '초록섬'이라는 뜻의 '그린란드'라고 했어요. 에리크가 초록섬이라고 부른 이유에 대해 여러 이야기가 있어요. 그는 많은 유럽인이 이 섬에 오길 바라는 마음에서 '아이슬란드'와 비교되는 초록섬이라고 이름을 붙였을 것이라는 거예요. 또 다른 이야기는 여름에 도착한 에리크는 초록 풀들을 보고 초록섬이라고 불렀을 것이라고 추측해요.

{ 다양한 동물이 함께 }

그린란드에는 추운 날씨에도 불구하고 꽤 다양한 동물이 살고 있어요. 사람과 함께 생활하며 살고 있는 썰매 개를 비롯해 북극곰, 북극토끼, 순록, 사향소, 북극여우 등 육지 동물이 있어요. 또 바다표범, 물개, 고래 등의 바다 동물과 청어, 넙치, 대구 등 온도가 낮은 바닷물에서 사는 한류어가 많아요.

{ 신비한 빙하지형 }

그린란드에는 눈이 많이 내려요. 하지만 눈이 내리기만 할 뿐, 녹지는 않아요. 이렇게 내린 눈이 녹지 않고 쌓이기만 하면 엄청나게 두꺼운 층으로 쌓이게 돼요. 눈의 아랫부분은 압력을 받아 단단한 얼음덩어리가 돼요. 이 얼음덩어리들은 중력 때문에 낮은 곳이나 바깥쪽으로 이동하게 돼요. 이것을 빙하라고 해요. 빙하는 아주 조금씩 움직여요. 그린란드 대륙을 덮고 있는 빙하를 대륙 빙하 또는 내륙 빙하라고 해요. 대륙 빙하는 그린란드뿐만 아니라 남극을 뒤덮고 있어요. 두께는 약 700미터예요. 육지 쪽 높은 곳에서 바다 쪽으로 천천히 흘러내려 바다에 닿으면 빙산이 돼요. 빙산은 물에 떠 있는 얼음조각으로 물 위에 나타난 부분이 최소 5미터 이상일 때 빙산이라고 불러요. 이렇게 만들어진 빙산은 시간이 흐르면서 바닷물의 흐름에 따라 서서히 사라져요. 반면 그보다 작은 얼음덩어리들은 유빙이라고 해요. 작다고 해도 사람이 올라가도 깨지지 않을 정도로 넓고 단단하지요.

{ 먹이사슬을 보여 주는 그린란드 바다 생태 }

내륙 빙하에서 떨어져 나온 빙산과 유빙에는 영양분이 가득해요. 이 영양분은 플랑크톤을 만들고 플랑크톤은 다양한 물고기들을 모이게 하죠. 물고기들이 많으면 물고기를 먹는 바다 동물들이 많아요. 또 물고기를 먹기 위해 바다쇠오리, 갈매기 등 새들도 많이 살아요. 이처럼 빙산과 유빙이 많은 그린란드 바다는 다양한 동물이 살아가는 생태계가 만들어져 있어요.

{ 일루리사트 얼음 피오르 }

그린란드의 서쪽 해안에 있는 '일루리사트 얼음 피오르'는 그린란드 서쪽 해안에 있는 거대한 빙하예요. 이곳에는 빙하, 땅, U자 모양 골짜기에 바닷물이 육지 깊숙한 곳까지 들어와 만들어진 좁고 긴 형태의 만인 피오르, 호수가 있어요. 이곳의 피오르는 얼음이 바다로 직접 떨어지면서 멋진 풍광을 보여 줘요. 그린란드에서 분리되는 얼음의 약 10퍼센트의 양을 차지해요. 다른 빙하들보다 접근이 쉬워 과학 연구와 관광 지역으로 인기가 많아요. 일루리사트 얼음 피오르는 2004년 유네스코에서 세계자연유산으로 지정되기도 했어요.

{ 빙하는 지구의 지침서 }

거대한 얼음덩이인 빙하는 지구가 형성된 역사와 기후 변화를 알 수 있게 하는 등 쓰임이 다양해요.

빙하가 생성되기 위해서는 3,000에서 5,000년이 걸려요. 지구 표면의 약 10분의 1은 빙하예요. 지구가 만들어지고 오늘날까지 여러 차례 빙하시대가 있었어요. 빙하시대 4기인 200만 년 전부터 1만 년 전 사이에 수차례 빙하 시기가 있었어요.

빙하로 기후 변화도 알 수 있어요. 현재 기후 변화로 남극과 북극 지방의 온도가 올라가고 있어요. 이 때문에 빙하의 부피가 줄고 있는데 빙하가 녹으면 지구의 해수면 높이가 올라가는데, 빙하가 다 녹을 경우 지구의 수면 높이가 6~7미터 올라가요. 해수면이 올라가면 남태평양 작은 섬나라들이 물속에 잠기게 되는 것은 물론이고 우리 사는 곳까지 심각한 영향을 미쳐요.

기후 변화는 농업, 산업, 수산업에 영향을 미치고 생태계 파괴를 불러와 사람이 살지 못하게 해요. 사람들은 지구 온난화를 막고자 환경을 보호하기 위해 노력하고 있어요. 과학자들은 기후 변화에 민감한 극지방의 환경을 잘 살피고 그린란드 등의 빙하를 분석해 여러 정보를 얻어 연구하고 있어요.

{ 설원의 주인, 이누이트족 }

이누이트족은 그린란드, 알래스카, 시베리아, 캐나다 등 북극해 연안에 주로 살고 있어요. 이누이트족은 '에스키모'라고도 불려요. 에스키

모라는 뜻은 '날고기를 먹는 사람'이라는 의미로 비하의 뜻이어서 이누이트족은 이 단어를 쓰지 않아요.

이누이트족은 그린란드에 약 2만 5천여 명이 살고 있어요. 이들이 사는 곳이 주로 북극해 연안의 추운 지역이기 때문에 채소를 구하기가 어려워요. 이 때문에 주식으로 바다표범, 고래, 상어, 순록, 사향소 등의 고기를 먹고, 바다에서 물고기를 잡아먹었어요. 입는 옷 역시 주로 동물의 가죽이나 털을 이용해 만들었어요. 또 동물의 가죽과 털로 생활에 필요한 신발, 모자, 옷, 장판 등을 만들고 이누이트족의 전통 악기인 '글라드' 등도 만들어요. 지금은 현대식 생활로 많이 바뀌었지만, 과거에는 얼음집인 이글루에 살면서 고래기름 등을 이용해 밤에 불을 밝히는 등 동물을 이용한 다양한 생필품을 만들어 사용했어요.

{ 설원을 달리는 썰매 개 }

이누이트족이 추위가 몹시 심한 설원의 주인이 될 수 있었던 것은 썰매 개가 있었기 때문이에요. 그린란드는 사람에게나 개에게나 자기들끼리만 살기엔 무척 힘든 곳이에요. 이누이트족은 사냥감을 추적하고 물어 오는 개에게 의지했고 대신 개는 사람들로부터 안전과 먹이를 얻을 수 있었어요. 썰매 개는 하루에 보통 30~65킬로미터를 가요. 평평한 길일 때는 하루에 약 200킬로미터를 달리기도 해요.

위치 아프리카 북동부, 소말리아 서쪽
기후 높은 곳은 고산 기후, 저지대는 열대 기후 및 사막 기후
기온 연평균 16~22도, 사막은 연평균 35도
언어 암하라어, 영어, 아랍어

에티오피아
소금사막의 낙타

아프리카 대륙 동쪽에는 소말리아와 지부티, 그리고 에티오피아가 있어요.
세 나라가 있는 이곳의 모습은 코뿔소의 뿔을 닮아 '아프리카의 뿔'이라고 불러요.
그 중 에티오피아는 아프리카 대륙에서 가장 지대가 높은 곳에 있어요.
하지만 다나킬 평원이라고 부르는 평평한 들판이 있는 곳은
아프리카 북동부에 자리한 아주 낮은 땅으로 '소금사막'으로 부르기도 해요.
다나킬 평원은 바닷물의 표면보다 무려 100미터 이상 낮은데,
가장 더울 때는 온도가 무려 60도까지 올라요. 기온이 가장 낮은 계절은
비가 내리는 우기로 오전 기온이 40도 정도 돼요.
이처럼 다나킬 평원은 세상에서 가장 더운 곳이에요.

# 낙타를 끌고 사막으로

"바주! 바주! 어디 있는 거니?"

멀리서 할아버지의 목소리가 들렸어요. 바주는 빨리 대답하지 못했어요. 낙타의 고삐를 잡느라 손이 너무 아팠고 힘도 빠졌기 때문이에요. 어린 낙타인데도 힘이 보통이 아니었어요.

"하, 할아버지, 저 여기 있어요!"

바주는 간신히 큰 소리로 대답했어요. 잠시 뒤, 낙타를 진정시키느라 낑낑대고 있는 바주 곁으로 할아버지가 다가왔어요.

"이 녀석, 낙타를 잘 관리하라고 했는데 출발 전부터 이렇게 사고를 치면 어떡하니?"

할아버지는 언짢은 목소리로 바주에게 말했어요. 바주 역시 이런 모습을 할아버지에게 보여 주고 싶지 않았지요. 오늘 처음으로 낙타를 끌고 소금사막을 가는 날인데 낙타를 놓치는 실수를 하다니, 바주는 마음이 좋지 않았어요.

바주가 잘 하는 모습을 보

여야 할아버지께서 바주에게 카라반 일을 믿고 맡기실 테니까요. 바주는 할아버지께 꾸중을 들어 속이 상했어요. 카라반은 바주네처럼 낙타나 말에 짐을 싣고 떼를 지어 먼 곳으로 다니면서 특산물을 교역하는 상인의 집단을 이르는 말이었어요.

"할아버지! 낙타 여물과 물, 다 챙겼어요!"

멀리서 뎀마 형이 바주와 할아버지가 있는 곳을 향해 외쳤어요. 할아버지는 뎀마 형에게 손을 흔들며 하얀 이를 드러냈어요.

바주가 사는 베라힐레 마을은 에티오피아 북동부 끝자락에 있는 평평한 들판, 다나킬 평원에 있었어요. 베라힐레 마을에서 수십 킬로미터 떨어진 곳에는 소금사막이라 불리는 곳이 있는데, 이름처럼 바닥이 모두 소금으로 가득한 곳이었어요.

바주의 할아버지는 소금사막에서 캔 소금을 시장에 내다 파는 상인, 즉 카라반이었어요. 할아버지가 지금의 바주 나이였을 때부터 시작했던 일이었어요. 아파르족인 할아버지는 소금을 캐는 일이 하늘

에서 정해 준 직업이라고 말하곤 했지요.

바주 가족이 사는 베라힐레 마을에서 낙타를 끌고 소금사막까지 갔다 오면 꼬박 일주일이 걸렸어요. 그렇게 먼 거리의 소금사막을 뎀마 형은 할아버지와 다른 상인들과 함께 몇 달 전부터 함께했어요. 바주는 여태 소금사막을 다녀온 적이 없었어요. 한여름 기온이 60도까지 치솟는 메마르고 뜨거운 땅에 어린아이들은 너무 위험해 갈 수 없었으니까요.

뿐만 아니라 소금사막 가는 길엔 지쳐 쓰러져 죽은 동물들도 많았어요. 그만큼 그곳은 사람과 동물이 견디기 힘든 곳이었어요. 하지만 낙타는 달랐어요. 뜨겁고 험한 곳이었지만 낙타는 무거운 짐을 싣고 다녀올 수가 있었어요.

열세 살 생일이 지난 바주는 할아버지의 허락을 받고 오늘 처음 행렬에 함께하기로 했어요. 물론 할아버지의 허락을 받기는 쉽지 않았어요. 너무 어리고 위험하다는 이유에서였지요. 바주는 할아버지처럼 뛰어난 카라반이 되고 싶었어요. 그런데 할아버지 앞에서 처음부터 실수라니. 반면 뭐든 하면 칭찬받는 뎀마 형이 부러웠어요.

"바주, 명심해야 한다. 소금사막을 지나 장사하러 가는 길이 결코 쉽지 않은 일이라는 걸 말이야."

할아버지는 바주의 눈을 똑바로 쳐다보며 말했어요. 바주는 자신 있다는 듯이 고개를 끄덕였어요.

낙타는 모두 열두 마리였어요. 할아버지는 다른 녀석들에 비해 눈썹이 길고 몸집도 큰 낙타를 대장 낙타로 앞세웠어요. 대장 낙타 뒤로 나머지 낙타들이 한 줄로 죽 늘어섰어요. 낙타들을 이끌고 할아버지와 뎀마 형, 그리고 바주가 소금사막을 향해 움직이기 시작했어요. 멀리 바주의 집에서 엄마와 어린 동생들이 잘 다녀오라며 손을 흔들었어요.

뜨거운 사막 속으로

사막은 끝없이 펼쳐지고 있었어요. 걸어도 걸어도 끝이 없을 것 같았어요. 친구들하고 뛰어놀던 사막과는 또 다른 느낌이었지요. 집을 떠나기 전 바주는 힘들어도 투정을 부리지 않겠다고 다짐했어요. 그런데 떠난 지 얼마 되지도 않았는데 벌써부터 목이 마르고 다리가 아파왔어요.

형과 할아버지는 바주에 비해 힘들어하지 않는 듯 보였어요. 다리가 아픈 건 둘째고 내리쬐는 태양 빛에 몸이 녹을 것만 같았어요. 그늘 하나 없는 사막, 한 걸음 한 걸음 내딛을수록 더위가 온몸을 감쌌어요. 이마와 등에 땀이 흥건히 젖었어요. 햇볕이 바주의 등을 콕콕 찌르는 것 같았어요. 햇빛을 가리기 위해 머리를 감싸고 있던 얇은 천으로 흘러내리는 땀을 연신 닦아 냈지요.

"이 언덕만 넘으면 계곡이 나온단다. 그곳에서 잠깐 쉬고 가자."

잠시 후 도착한 계곡에는 이미 다른 카라반들이 자리를 차지하고 있었어요. 할아버지는 능숙하게 낙타를 계곡물에 풀어 놓았어요. 계곡 주변은 풀 한 포기 없이 온통 돌들로 가득했어요. 제일 깊어 보이는 곳에 가니 계곡물은 바주의 정강이까지 밖에 오지 않았어요. 낙타와 사람들로 북적이는데 계곡물은 많지 않아 바주는 실망스러운 표정을 감출 수 없었어요.

"실망할 것 없어. 우리 땅에서 이런 계곡을 만난다는 건 행운이야."

할아버지가 이슬람교도들이 주로 쓰는 모자인 페즈를 벗으며 말했어요. 그리고 두 발을 계곡물에 담갔어요.

다나킬 평원은 뜨거운 태양 때문에 물이 금방 말라버리곤 했어요. 이 평원에 물이 흐르는 것은 어쩌면 기적과도 같았지요. 서쪽 고원지대에서 흘러든 지하수의 일부가 땅이 낮은 다나킬 표면으로 흘러들어 샘처럼 솟아오르는 것이었지요.

계곡을 찾아 물이 흐르는 방향으로 카라반의 길을 만든 건 천 년 전부터 이 길을 걸었던 할아버지와 같은 카라반들이었어요.

바주는 배가 무척 고팠지만, 할아버지와 뎀마 형은 낙타에

게 물을 먼저 먹이고 건초를 꺼내 먹이를 줬어요.

"낙타를 먼저 배불리 먹이고 그 다음엔 사람이 밥을 먹을 수 있단다. 명심하렴. 우리에겐 낙타가 가장 큰 재산이란 걸."

할아버지는 나뭇가지에 불을 붙이며 말했어요. 오랜 시간 먼 거리를 가야 하는 카라반들에게 낙타는 아주 소중한 재산이었어요. 특히 사막에 사는 사람들에겐 더 없이 소중했지요. 낙타 없이는 사막을 건너 무거운 짐을 싣고 오갈 수 없었어요.

뎀마 형은 밀가루와 곡물가루가 섞인 가루에 물을 섞어 반죽을 했어요. 그리곤 어른 주먹보다 더 큰 돌을 불에 데웠어요.

"형, 돌은 왜 데워?"

"뜨거워진 돌을 반죽 안쪽에 넣으면 안 익은 부분이 데워져."

형이 돌을 반죽 안에 넣자 거짓말처럼 반죽이 노랗게 익어 갔어요. 빵이 노랗게 익자 형은 돌을 근처에 버렸어요. 길에서 쉽게 구할 수 있는 돌을 이용하니 무겁게 가지고 다닐 필요가 없어서 편리해 보였어요. 노랗게 익어 가는 빵을 보자 바주는 군침이 나왔어요.

이튿날 동이 트기 한참 전, 할아버지는 바주를 깨웠어요. 뎀마 형은 벌써 일어나 낙타 등에 짐을 싣고 있었어요. 바주는 조금이라도 더 자고 싶었지만, 늑장을 부릴 수 없었어요. 조금만 늦어지면 땡볕에 사막을 걸어야 했기 때문이에요.

"할아버지, 여긴 왜 이토록 덥죠? 정말 우리 마을과는 달라요."

소금사막으로 갈수록 더위가 더 느껴졌어요. 지금은 비가 오는 우기이고 같은 에티오피아인데 왜 이토록 더운지 알 수가 없었어요. 바주는 뜨끈해진 물통의 물을 연신 들이켰어요.

"우리 마을도 덥지만, 이곳은 더하지. 땅이 낮아 열이 빠져 나갈 수 없으니 그럴 수밖에."

"여긴 정말 사람 살 곳이 못 되는 것 같아요."

바주는 연신 손부채질을 하며 말했어요.

"그래도 우리에게 귀한 소금을 내어 주는 곳이야. 또 우리를 살게 하는 곳이기도 하고. 바주, 그게 우리가 이곳을 떠나지 못하는 이유야."

소금사막에서 캐 온 소금을 시장에 내다 팔고 그 돈으로 바주네 식구들이 먹고 살 수 있었어요. 작년에 바주의 아버지가 세상을 떠났을 때, 바주는 아버지를 대신해 카라반 일을 하고 싶었지요. 한 사람이라도 더 힘을 보태 더 많은 소금을 캐고 더 많은 돈을 벌어야 했기 때문이에요. 그리고 약값이 없어 약 한번 제대로 써 보지 못한 아버지의 한도 풀어 드리고 싶었어요.

사막을 걸은 지 한참 뒤, 드디어 소금사막인 '달로 소금 광산'에 도착했어요. 뜨거운 사막도 거뜬히 걷는 낙타였지만 달로 광산의 열기로 낙타들 역시 지친 기운이 뚜렷했어요. 사람들 모두 지친 얼굴이었지만 광산에 도착했다는 사실이 다시 기운을 내게 했어요. 낙타 없이 사람 혼자 힘으로 올 수 있는 곳이 아니었어요. 할아버지는 도끼를 이용해 바닥에 돌처럼

굳어진 소금을 사각형 모양으로 잘랐어요. 워낙 딱딱하게 굳어진 것들이라 좀처럼 땅에서 떨어지려 하지 않았어요. 바주는 낙타들이 혹시나 도망이라도 갈까, 염려되어 낙타를 지키고 있었어요.

"바주야, 할아버지랑 잠깐 저 위쪽에 좀 다녀오자꾸나."

바주는 할아버지를 따라 소금사막 인근에 있는 달로 화산으로 향했어요. 언덕을 넘어 화산 지대에 이르자 바주는 자기도 모르게 탄성을 질렀어요. 호수는 마치 냄비 속의 물처럼 부글부글 끓고 있었어요. 땅은 노랗고 붉고 연둣빛의 물감을 풀어 놓은 듯했고, 곳곳에서 연기가 피어올랐어요. 매캐한 유황 가스들이 마그마의 열기와 더해져 마치 살아 있는 듯했지요. 그곳이 지

구의 땅인지 우주의 낯선 행성인지 헷갈릴 정도였어요.

할아버지는 물통에 유황 물을 담았어요. 그리곤 물통을 바주에게 건네며 말했어요.

"이곳에 오면 꼭 유황 물을 담아 가야 한단다. 나중에 유용하게 쓰일 게야."

할아버지와 바주는 다시 소금사막으로 돌아왔어요. 뎀마 형은 이미 소금들을 낙타에 다 실어 놓고 있었어요. 조금도 지체하는 시간 없이 바주네 일행은 소금사막을 등지고 집으로 향했어요.

 나는 아파르족 소금 카라반 상인

"오늘은 너무 늦어져 여기서 잠을 자야겠다. 내일 새벽에 일어나 길을 떠나야 해. 늦어지면 땡볕을 걸어가야 하니 꼭 일찍 출발해야 한다."

한참 동안 사막을 걷던 할아버지가 멈춰서 바주와 뎀마 형에게 말했어요. 짐을 푼다는 소리에 바주는 반가웠어요. 너무 덥고 다리가 아파 당장이라도 바닥에 눕고 싶었기 때문이에요.

바주는 자기 전 낙타들을 둘러봤어요. 무거운 소금을 짊어지고 온 낙타들도 무척 고단해 보였어요.

'낙타들이 없었다면 저 무거운 짐을 어찌 들고 왔을까.'

그런 생각을 하니 바주는 낙타에게 고맙고 미안한 마음이 들었어요. 바주는 낙타의 고삐가 잘 매어져 있는지 확인했어요. 혹시나 밤사이 고삐가 풀려 도망가는 낙타가 있을까 밧줄을 꼼꼼히 살폈어요. 그런데 마지막에 있던 낙타가 연신 고개를 좌우로 흔들며 괴로워했어요.

'대체 왜 이러는 거지?'

바주는 낙타를 살폈어요. 하지만 아무리 봐도 뭐가 문제인지 도통 알 수 없었어요.

바주는 혹여나 고삐가 너무 세게 조였나 싶어 느슨하게 풀었어요. 그런데 그 순간, 낙타는 느슨해진 고삐를 풀고 도망을 갔어요.

당황한 바주가 고삐를 잡을 사이도 없었지요.

낙타는 빠른 속도로 어둠 속으로 달아났어요. 바주는 심장이 내려앉을 것 같았어요. 지금 또다시 낙타를 놓치면 다시는 할아버지가 카라반 일을 맡기지 않을 것 같았어요.

바주는 낙타를 향해 있는 힘껏 뛰었어요. 그리고 아슬아슬하게 고삐를 잡았어요. 낙타의 힘이 어찌나 센지 고삐를 잡은 바주의 손바닥에 상처가 났어요. 하지만 상처쯤은 아무것도 아니었어요. 낙타는 한동안 발버둥 쳤고 바주는 낙타를 진정시키기 위해 안간힘을 썼어요. 그리고 얼마 뒤 할아버지와 뎀마 형이 달려왔어요.

"해충이야. 낙타에 해충이 많아 괴로워서 그럴 게야. 바주, 고생했다."

할아버지는 바주의 손에 생긴 상처를 헝겊으로 감싸며 말했어요. 고생했다는 할아버지의 말에 바주는 상처쯤은 괜찮다고 생각했어요.

"바주야, 유황 물을 낙타에게 뿌려 주거라. 내일 아침이 되면 좀 나아질 게야."

바주는 유황 물이 해충을 없애 준다는 할아버지의 말을 듣고 유황 물을 낙타에게 뿌렸어요. 진짜 해충이 없어질까 생각이 들었지만 다른 방도가 없었어요.

"할아버지! 진짜 해충이 없어지고 있어요!"

이튿날 새벽, 일찍 일어나 낙타를 살핀 바주는 신이 난 목소리로 할아버지에게 말했어요.

"유황 물이 정말 효과가 있네요!"

뎀마 형도 들뜬 목소리로 말했어요. 할아버지는 고개를 끄덕였어요.

"이 할아버지는 이제 늙어서 더 이상 소금사막에 가기가 쉽지 않을 것 같구나. 너희들이 우리 아파르족의 대를 이어 소금사막을 다녀야 할 게야. 물론 쉽지 않지. 바주 그리고 뎀마, 명심해라. 힘든 땅에 살고 있지만 이곳은 인류가 시작된 곳이야. 어떤 어려움이 있어도 우린 이겨 낼 수 있다는 사실을 말이야"

할아버지 역시 이번에 소금사막을 다녀온 일정이 힘이 드는지 기침 섞인 목소리로 말했어요.

바주는 할아버지가 다시 소금사막을 밟을 수 있을까 생각하니 어쩐지 슬픈 마음이 들었어요. 하지만 바주는 슬퍼만 할 수 없었지요. 뛰어난 상인이었던 할아버지를 대신해 자신이 카라반이 되어야 했으니까요.

바주는 아버지, 할아버지, 그리고 할아버지의 할아버지가 그랬던 것처럼 아파르족의 대를 잇는 카라반이 되고 싶었어요. 그리고 할아버지와 엄마와 동생들과 뎀마 형이 함께 행복하게 살 것이라고 생각했어요.

멀리 지는 해 쪽으로 베라힐

레에 있는 집들이 길게 그림자를 드리우며 눈앞에 나타났어요. 바주는 낙타의 고삐를 바짝 잡았어요. 먼 길을 함께한 낙타의 등을 툭툭 두드렸어요. 그리고 두둑하게 가져온 소금을 내다 팔 생각을 하니 무거웠던 발걸음이 가벼워졌어요.

더 알아보아요!

{ 지구에서 가장 뜨거운 땅, 다나킬 평원* }

에티오피아의 다나킬 평원은 바닷물의 최고 높이보다 무려 100미터 이상이나 낮은 곳에 있어요. 이렇게 낮은 지형을 분지 지형이라고 해요. 분지는 강렬한 태양 열기를 그대로 받지만 열기가 빠져 나가지 못해요. 그래서 가장 더운 여름철 기온은 무려 60도까지 치솟아요. 그나마 기온이 가장 낮은 계절은 비가 내리는 우기로 오전 기온이 40도 정도 된답니다.

{ 낮아진 땅이 소금사막으로 }

다나킬 평원이 낮아진 이유는 무엇일까요? 이곳은 세 개의 판이 모인 곳이에요. 판이란 영어로 플레이트(plate)라고 하는데 지구의 겉 부분을 둘러싸고 있는 것이에요. 이것은 두께 100킬로미터 안팎의 단단한 암석 판이지요. 지구는 크고 작은 10여 개의 판이 모자이크 모양을 이루고 있어요. 세 개의 판이 모인 이곳 다나킬은 수백만 년 전부

★ **평원** 평평한 들판.

터 그 판들이 움직이면서 땅이 갈라져 가라앉게 되었어요.

홍해의 일부였던 다나킬은 화산활동으로 대륙 안에 갇히게 되었어요. 강력한 태양 빛에 다나킬의 바닷물은 증발해 버리고 서울의 두 배 넓이의 소금사막이 되었어요. 또 주변 화산의 분화로 넘친 용암이 소금과 어우러져 독특한 색깔의 지면이 만들어졌어요. 다나킬 평원은 지금도 지각이 깊게 갈라지고 있어 지진과 화산활동이 잦은 곳이에요. 이곳은 에트라 에일산, 보레일 에일산, 하일리 구비산 등 화산 분출물이 쌓여 만들어진 화산체와 소금사막이 어우러져 독특한 자연의 모습을 보여 주고 있어요.

{ 에티오피아의 기후 }

에티오피아는 열대 지역이지만 지역별로 높이의 차이가 있어 기후와 식물의 종류가 다양해요. 북동부는 열대 고원지대인데 주로 유목민이 살고 있어요. 연평균 기온 27도이고 강수량은 500밀리미터 이하예요. 이곳은 다나킬 평원의 사막 지형과 초원 사바나까지 다양해요.

해발 2,500미터 지역은 나무가 많이 우거진 숲이었어요. 하지만 지금은 농사를 짓는 땅으로 변했어요. 해발 1,000미터에는 야생의 커피나무가 많이 자라고 있어요. 이 밖에도 나무 없이 줄기가 연한 식물들만 자라거나 가축이 먹는 풀이 자라는 곳 등, 다양한 기후에 따른 여러 종류의 식물이 있어요.

{ 고원*에 사는 사람들 }

에티오피아의 땅 절반 이상이 해발 고도** 2,000미터 이상의 고원이에요. 이곳은 사람이 살기에 적합한 기후를 가지고 있어 인구의 대부분이 고원에 살고 있어요. 고원은 수평으로 된 층으로 연속해서 평탄한 지형을 나타내요. 사람들이 주로 고원에 사는 이유는 적합한 기후가 원인이기도 하고 말라리아와 같은 질병에 걸리지 않기 위해서이기도 해요.

에티오피아 수도인 아디스아바바의 해발 고도는 약 2,400미터로 아주 쾌적해 세계에서 가장 좋은 기후로 손꼽혀요. 반면 고원을 제외한 낮은 땅은 아주 덥고, 비도 거의 내리지 않아 사막을 이뤄요.

{ 다양한 종족이 함께 }

에티오피아에는 약 90여 개로 추정되는 다양한 종족이 살고 있어요. 국민의 40퍼센트를 차지하는 오로모족은 유목민이나 농경민으로 남동부에 거주하고 있어요. 그 밖에 타나 호수 주변에 암하라족, 고원 북쪽 지대의 티그레족 등이 거주하고 있어요. 다나킬 평원에 사는 아파르족은 약 10퍼센트를 차지하고 있어요.

다양한 종족처럼 종교도 다양해서 에티오피아의 43퍼센트는 정교회를 믿고 33퍼센

★ 고원 600미터 이상의 높은 곳에 펼쳐진 넓은 벌판.
★★ 해발 고도 바닷물의 표면으로부터 잰 육지나 산의 높이.

트는 이슬람교를 믿어요. 에티오피아는 종교와 종족 간의 문제로 대립이 심해 사회 문제가 많이 나오고 있지요. 또 인구 절반이 식량 부족 문제를 겪고 있어요. 최근 에티오피아가 포함된 아프리카 북동부 지역에 심각한 가뭄이 들이닥쳐 식량 부족 문제가 더욱 심해지고 있어요.

{ 최초의 인류, 루시 }

1974년 에티오피아 하다르 마을 근처 강가에서 화석이 발견됐어요. 화석은 약 318만 년 전에 살았던 오스트랄로피테쿠스로 추정되었어요. 이 화석은 인간의 조상이자 최초의 인류 화석으로 이름을 '루시'로 지었어요. 루시는 인류 화석 중 가장 완벽한 형태로 남아 있었어요. 루시는 직립보행을 한 것으로 알려진 최초 여성 인류 화석이에요. 루시의 다리뼈를 살펴본 후 허리를 펴고 두 다리로 걷는 직립보행의 증거를 찾게 되었죠. 루시의 발견은 인류 진화의 연구에 중요한 단서가 되었답니다.

{ 짐을 싣고 소금사막을 걷는 낙타 }

낙타는 서아시아와 북아프리카의 건조한 사막지대에 사는 포유동물이에요. 기원전

2,500년경 무렵부터 가축화되어 인간과 함께 사막지대에서 살고 있지요. 혹이 한 개 있는 단봉낙타와 혹이 두 개 있는 쌍봉낙타가 있어요.

다나킬 소금사막은 낙타가 살기는 매우 힘든 환경이에요. 매우 건조하고 뜨겁기 때문이죠. 그런데도 낙타는 소금사막에서 120킬로그램의 짐을 싣고 하루 40킬로미터를 이동해요.

약 천 년 전부터 지금까지 낙타들이 짐을 싣고 이동했던 길이 바로 카라반 행렬이 지나는 길이 된 것이지요.

다나킬 사막 주변에는 힘들어 쓰러지거나 죽은 낙타들이 간혹 있기도 해요. 그만큼 매우 어려운 일을 낙타가 하고 있죠. 사람들은 낙타들을 돌보며 물이 있는 곳을 안내하고 먹을 것이 하나도 없는 사막에서 먹이를 제공해 줘요. 낙타는 사람들을 도와 소금을 운반해 주죠. 이처럼 낙타와 사람들은 서로 의존하며 사막지대에서 살고 있답니다.

콧구멍, 귀 주위의 털
사막의 모래바람이 불면 콧구멍을 막을 수 있어요. 귀 주위에 털도 있어 모래 먼지를 막기 제격이에요.

혹
혹에는 지방이 저장되어 있어요. 영양 상태가 좋으면 혹이 크고 그렇지 못하면 혹이 작아요. 혹에 저장된 영양분으로 인해 물과 음식이 없이도 몇 달까지 살 수 있어요.

입
사막을 여행하는 동안은 먹을 것을 구하기 어려워요. 때문에 낙타는 눈에 띄는 것을 먹어 치우는 습성이 있어요. 사막에서 볼 수 있는 선인장과 같은 식물도 먹는데 입 안에 상처를 입지 않고도 먹을 수 있어요. 자유자재로 움직이는 입술이 가시를 훑어 내거든요. 낙타는 음식물을 충분히 씹지 않고 그냥 삼켰다가 나중에 입안으로 되가져 와 씹는 되새김질을 해요.

낙타 눈과 눈썹
큰 눈망울을 가진 낙타는 사막에서 불어오는 모래바람에 자칫 눈이 다칠 수 있기 때문에 눈썹이 매우 길어요. 먼지를 걸러 내기 때문이죠.

발가락
발가락은 두 개예요. 발바닥이 두 개의 접시를 겹쳐 놓은 것처럼 커서 땅에 닿는 면적이 넓어요. 때문에 모래밭에 빠지지 않아요. 모래사막뿐 아니라 거친 표면의 소금사막을 걷기에도 제격이에요.

수명 30~40년

위치 러시아와 중국 사이의 중앙아시아
기후 강수량이 적은 냉대 기후이자 대륙성 기후
기온 여름은 27도, 겨울은 영하 46도로 심한 연교차
언어 몽골어

몽골
늑대를 물리친 늑대

중앙아시아에 자리 잡은 몽골은 세계 최대의 초원 지형으로
다양한 자연환경을 가지고 있어요. 빙하로 뒤덮인 산봉우리에서 넓게 펼쳐진 대초원,
세상에서 가장 살기 힘든 사막까지 있어요. 몽골은 국토의 약 80퍼센트가
해발 고도 1,000미터 이상의 높은 곳에 자리한 고원이에요.
몽골 서쪽은 '몽골알타이산맥'이 길게 뻗어 있어요. 산봉우리는 빙하로 뒤덮여 있지요.
또 동쪽과 남동쪽으로는 '한가이산맥'과 '고비알타이산맥'이 뻗어 있어요.
몽골의 동쪽 산간 분지에는 시베리아로부터 시작된 침엽수림과
가축이 먹는 풀이 자라는 목초지가 있어요. 몽골 남쪽, 남동쪽으로는 초원과
고비사막이 있어요. 고비란 몽골어로 '풀이 잘 자라지 않는 거친 땅'이란 뜻이에요.
고비사막은 몹시 메말라서 세계에서 살아가기가 가장 어려운 지역으로 꼽혀요.

늑대의 굴로 가다

"늑대 짓이야!"

이른 아침 가축의 우리를 둘러본 아빠의 표정은 굳어졌어요. 바타는 아빠의 목소리를 듣고 순식간에 울타리로 뛰어 갔어요. 바타의 가족이 키우는 양과 염소가 새벽에 늑대의 공격을 받아 두 마리나 죽어 있었어요. 늑대가 공격하기 쉬운 어린 양과 염소였어요. 어제까지 들판을 뛰어놀던 양과 염소가 생각나 바타는 눈을 질끈 감았어요.

때로는 어른 가축도 공격을 받기도 했어요. 하지만 먹을 게 많지 않은 3월 겨울철에는 가축도, 늑대도 큰 힘이 없었어요. 그 때문에 늑대는 공격하기 쉬운 어린 가축들을 골랐을 거예요. 바타와 아빠가 말을 타며 가축들을 돌보는 낮에는 늑대의 공격이 없었어요. 하지만 모두 잠든 새벽에 늑대는 울타리에 있는 가축들을 공격했어요.

"바타, 활을 들고 어서 채비를 하거라."

아빠는 몽골 전통 모자인 말가이를 쓰고 긴 장화인 고탈을 신으며 말했어요.

"아빠, 어디 가시게요?"

"일단 따라오려무나."

활을 챙겨 나가는 것으로 보아, 사냥을 하려는 것 같았어요. 다른 유목민들은 동물을 사냥할 때 총을 쓰기도 했어요. 하지만 바타의 아빠는 총

늑대를 물리친 늑대

보다 활을 잘 썼답니다. 말을 타며 활을 쏘는 아빠를 따라올 사람이 없을 정도였어요. 오래전, 아빠는 몽골 전통 축제인 '나담' 축제 말달리기 대회에서 우승한 적도 있었어요.

아빠의 모습은 한 달 전의 모습과 달랐어요. 도통 화를 잘 내지 않는 아빠였지만 오늘 늑대의 공격으로 가축 두 마리가 죽은 것을 본 아빠는 뭔가 결심을 한 듯했어요.

바타네 가족은 일 년 동안 네 번에서 많게는 여덟 번씩 이동을 하는 몽골 유목민이었어요. 양과 염소, 말 등 수십 마리의 가축을 키우며 가축들의 먹이인 풀을 찾아 살던 곳을 떠나 새로운 곳으로 가야 했지요. 한 달 전, 새 보금자리에 터전을 잡은 바타 가족은 몽골 전통 가옥인 게르를 짓고 게르 주변으로 가축들이 머물 울타리를 쳤어요. 그런데 새 터전에 온 지 이틀도 안 돼 늑대의 공격을 받은 거였어요.

게르는 나무 기둥을 세우고 질긴 천을 씌워 만들었기에 강한 바람과 야생동물의 공격에도 끄떡없었어요. 하지만 울타리는 아무리 튼튼하게 쳐도 울타리를 뛰어넘는 늑대의 공격을 피할 수 없었어요. 얼마 전, 늑대 네 마리가 공격을 했던 날에는 양과 염소 세 마리를 잃기도 했어요.

사실 매년 늑대의 공격으로 가축들을 잃곤 했지만, 오늘처럼 아빠의 표정이 굳어진 날이 없었어요. 아마도 오늘 새벽에 공격받은 것이 어린 가축들이라 더 그런 듯했어요. 또 갈수록 늑대의 공격이 잦아졌기 때문에 아빠의 고민이 깊어진 것 같았어요.

아빠와 바타는 말을 타고 초원을 달렸어요. 바타 역시 아빠 못지않게 말을 잘 탔어요. 아빠와 바타의 등에는 활이 매여 있었어요.

"아빠, 혹시 늑대를 죽일 건가요?"

바타 아빠는 꼭 필요할 때만 사냥을 했어요. 몽골 초원에 몽골가젤, 야생 낙타, 마못, 야생 말 등이 많아도 함부로 동물들을 잡지 않았어요. 가축을 많이 키워서 필요할 때마다 고기나 가죽을 얻을 수 있었기 때문이에요. 그런 아빠가 느닷없이 활을 챙겨 가는 것이 바타는 궁금했어요.

"바타, '늑대는 자신과 운명이 같은 사람에게 보이고 늑대보다 운명이 높은 사람에게 잡힌다.'라는 말이 있지. 늑대는 화를 내며 잡는 동물이 아니야. 게다가 늑대와 흰 사슴 사이에 우리 몽골인이 태어나지 않았니. 죽이지 않을 거란다."

늑대는 거친 자연에서 가장 용맹하고 똑똑한 동물이었어요. 늑대는 몽골인들이 가장 미워하지만, 또 가장 숭배하는 동물이기도 했답니다. 푸른 늑대와 흰 사슴 사이에 몽골인이 태어났다는 몽골 탄생설화 때문이기도 했어요. 그러니 더욱 늑대를 함부로 죽일 수 없었지요.

"우리 조상들이 쓰던 방법을 쓰자꾸나."

아빠의 얼굴은 그 어느 때보다 비장했어요. 바타는 조상들이 쓰던 방법이 무엇인지 궁금했지만, 가축을 잡아먹는 늑대를 그냥 두고 싶지는 않았어요.

새끼 늑대를 키우다

바타는 아빠를 따라서 나무 하나 없는 초원을 달려 돌이 많은 산에 도착했어요. 나무가 곳곳에 있었고, 특히 돌이 많았어요. 늑대들이 숨어 살기에 좋아 보였어요.

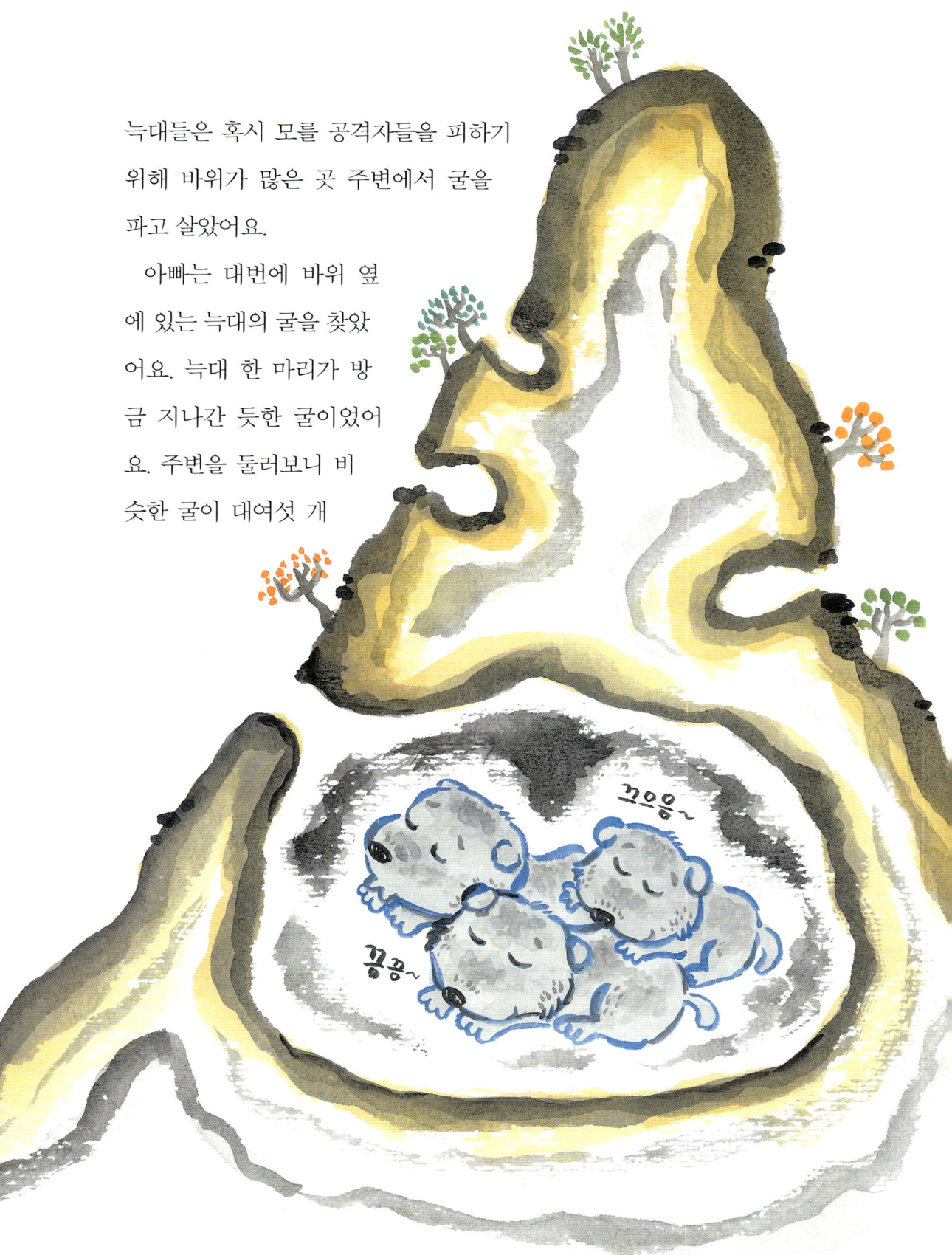

늑대들은 혹시 모를 공격자들을 피하기 위해 바위가 많은 곳 주변에서 굴을 파고 살았어요.

　아빠는 대번에 바위 옆에 있는 늑대의 굴을 찾았어요. 늑대 한 마리가 방금 지나간 듯한 굴이었어요. 주변을 둘러보니 비슷한 굴이 대여섯 개 더 있었지요. 늑대는 여러 군데에 굴을 마련하고 새끼들을 숨겨 놓는 습성이 있었어요. 그런데 그때, 굴속에서 소리가 났어요. 아빠가 조심스러운 발걸음으로 굴에 다가갔어요.

"아빠, 뭐 하시게요? 늑대가 나타나면 어쩌려고……."

바타는 늑대가 굴속에서 나와 아빠를 공격할지 몰라 걱정이 되었어요.

아빠는 굴속에 손을 넣어 무언가를 꺼냈어요. 새끼 늑대였어요. 굴속에는 아직 눈도 못 뜬 새끼 늑대 세 마리가 있었어요. 새끼 늑대들은 강아지처럼 캉캉거리며 어미젖 빠는 시늉을 했어요. 바타는 가까이에서 새끼 늑대를 처음 봤어요.

"오늘부터 우리가 이 늑대들을 키우자꾸나."

"네? 늑대를 키운다고요?"

바타는 놀란 눈으로 아빠를 바라봤어요. 자연에서 최고 포식자인 늑대를 키운다니 믿어지지 않았지요. 그렇게 키우다가 어느 순간 사람이 공격받는 일도 있었으니까요.

"태어난 지 15일이 안 된 새끼는 사람을 만나면 사람을 아주 잘 따른단다. 개가 그렇듯이 말이야. 하지만 그 이후는 절대 사람을 따르지 않지. 이 새끼들 역시 아주 어린 늑대들이야. 우릴 충분히 잘 따를 거야. 바타, 네가 늑대들을 잘 돌보길 바라. 이 새끼 늑대들이 나중에 크면 우리에게 꼭 도움이 될 거야."

양과 염소, 또 말 등을 돌보는 일은 익숙했어요. 하지만 늑대를 돌보라니. 가축을 돌보는 시간도 부족한 바타였어요. 아빠가 왜 늑대를 키우라는 것인지 도통 이해되지 않았지요. 게다가 가끔 푸른 눈을 가진, 이빨이 날카로운 늑대가 나타나는 무서운 꿈을 꾸곤 했기에 겁도 났어요. 늑대와는 절대 친해질 것 같지 않았어요.

"바타, 유목민에게 가축을 돌보는 건 세상 무엇보다 중요한 일이란다. 우린 가축이 없으면 살 수가 없지. 가축들에게서 고기며 가죽, 양젖 같은 것들을 얻으니 말이야. 가축은 우리 삶에 아주 소중한 거란다. 잠시라도 가축 돌보기에 소홀히 해선 안 될 거야. 그런 점에서 이 새끼 늑대가 많은 도움이 될 거야. 네가 잘 돌보렴."

가축을 공격하는 늑대를 잘 돌보라니. 바타는 아빠의 말이 도통 이해가 되지 않았어요. 가축이 공격당했을 땐 당장이라도 달려가 늑대를 잡고 싶었어요. 하지만 아직 눈도 못 뜬 새끼 늑대를 보니 너무 가여워 보였어요.

"늑대들한테 양젖을 주려무나."

엄마가 아침에 갓 짠 양젖을 갖고 오며 말했어요. 새끼 늑대들이 애기들이라며 양젖을 먹여야 한다고 했어요. 늑대들은 양젖의 냄새를 맡았는지 코를 쿵쿵거리며 양젖이 담긴 통으로 향했어요. 그리곤 코를 박고 양젖을 먹기 시작했어요. 첫날엔 이곳이 낯설었는지 입만 대던 녀석들이 이튿날

이 되자 어제보다 제법 많은 양의 양젖을 먹었어요. 새끼 늑대들이 양젖을 많이 먹을 때마다 바타는 안심이 되었어요. 어떤 동물이든 배불리 먹는 모습만 봐도 뿌듯한 마음이 들었지요. 그게 늑대여도 그랬어요.

새끼 늑대들은 하루가 다르게 컸어요. 귀는 더욱 쫑긋해졌고 눈동자의 푸른색은 더 짙어졌어요. 밋밋했던 이빨 역시 더욱 뾰족해졌어요. 그리고 3개월이 지났을 땐 제법 어른 늑대 티가 났어요.

 늑대와 함께 초원을 달리다

이른 아침 게르 안, 엄마는 식사 준비에 한창이셨어요. 엄마는 오랜만에 튀김 만두인 호쇼르를 만들고 있었어요. 얼마 전 주워 온 가축 똥들로 불을 피우고, 불 위에 가축의 젖으로 만든 수태차를 끓였어요. 수태차는 추위를 녹이는 데 효과적이었어요.

가축을 돌보기 위해 자리에서 일어난 바타는 곧장 새끼 늑대들이 있는 곳으로 갔어요. 지난주보다 더 자란 모습 같았어요. 새끼 늑대들은 바타를 보자 반가움에 꼬리를 흔들었어요. 새끼 늑대들은 가족 중 바타를 가장 잘 따랐어요. 바타는 새끼 늑대들의 목에 매여 있는 줄을 풀었어요.

"오늘도 달려볼까? 추! 추!"

능숙하게 말에 오른 바타는 고삐를 잡으며 재촉했어요. 바타는 태양을 등지고 제법 풀이 올라온 초원을 달렸어요. 그 뒤로 새끼 늑대들이 함께 달렸어요. 녀석들은 어느덧 바타가 탄 말을 따라잡을 것 같았지요. 바타는 곁눈질을 하며 달렸어요. 바타는 매일 이렇게 말을 타며 초원을 달리고 싶었어요.

한참 만에 게르로 돌아와도 녀석들은 지칠 기색을 보이지 않았어요. 바타는 그새 많이 자란 새끼 늑대들에게 초원에서 잡은 마못 고기를 잘라 주었어요. 양젖만 먹던 녀석들이 어느덧 고기도 즐겨 먹을 정도였어요.

새끼 늑대를 잡아 온 이후 늑대의 공격은 눈에 띄지 않았어요. 하지만 그렇다고 방심할 수는 없었어요. 자칫 마음을 놓았다간 또 공격을 당할 수 있었으니까요. 해가 진 밤에도 혹시나 공격이 있는지 가족들은 귀를 쫑긋했어요.

"바타, 잠시만 너 혼자 가축들을 돌봐야겠구나. 엄마, 아빠는 말들을 데리고 산 넘어 호수에 넘어갔다 와야겠다."

부모님은 말들을 데리고 호수로 가서 물을 먹일 요량이었어요. 가끔은 바타가 양과 염소를 따로 돌보며 먹을 것을 주곤 했어요.

"걱정 마세요. 양과 염소는 제가 잘 돌볼게요."

바타는 말에 올라타며 말했어요. 이내 엄마, 아빠도 말들을 몰고 초원

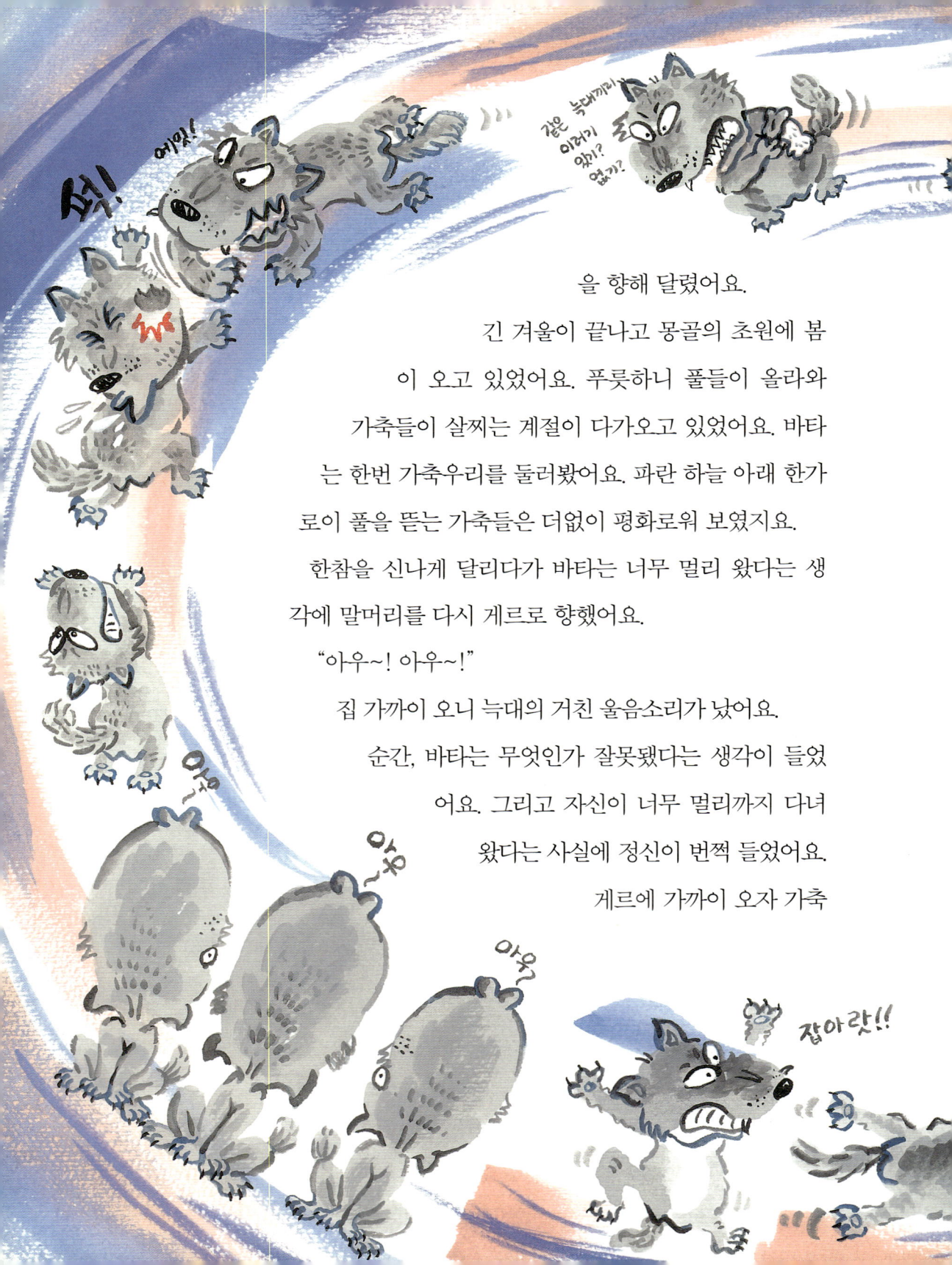

을 향해 달렸어요.

긴 겨울이 끝나고 몽골의 초원에 봄이 오고 있었어요. 푸릇하니 풀들이 올라와 가축들이 살찌는 계절이 다가오고 있었어요. 바타는 한번 가축우리를 둘러봤어요. 파란 하늘 아래 한가로이 풀을 뜯는 가축들은 더없이 평화로워 보였지요.

한참을 신나게 달리다가 바타는 너무 멀리 왔다는 생각에 말머리를 다시 게르로 향했어요.

"아우~! 아우~!"

집 가까이 오니 늑대의 거친 울음소리가 났어요.

순간, 바타는 무엇인가 잘못됐다는 생각이 들었어요. 그리고 자신이 너무 멀리까지 다녀왔다는 사실에 정신이 번쩍 들었어요.

게르에 가까이 오자 가축

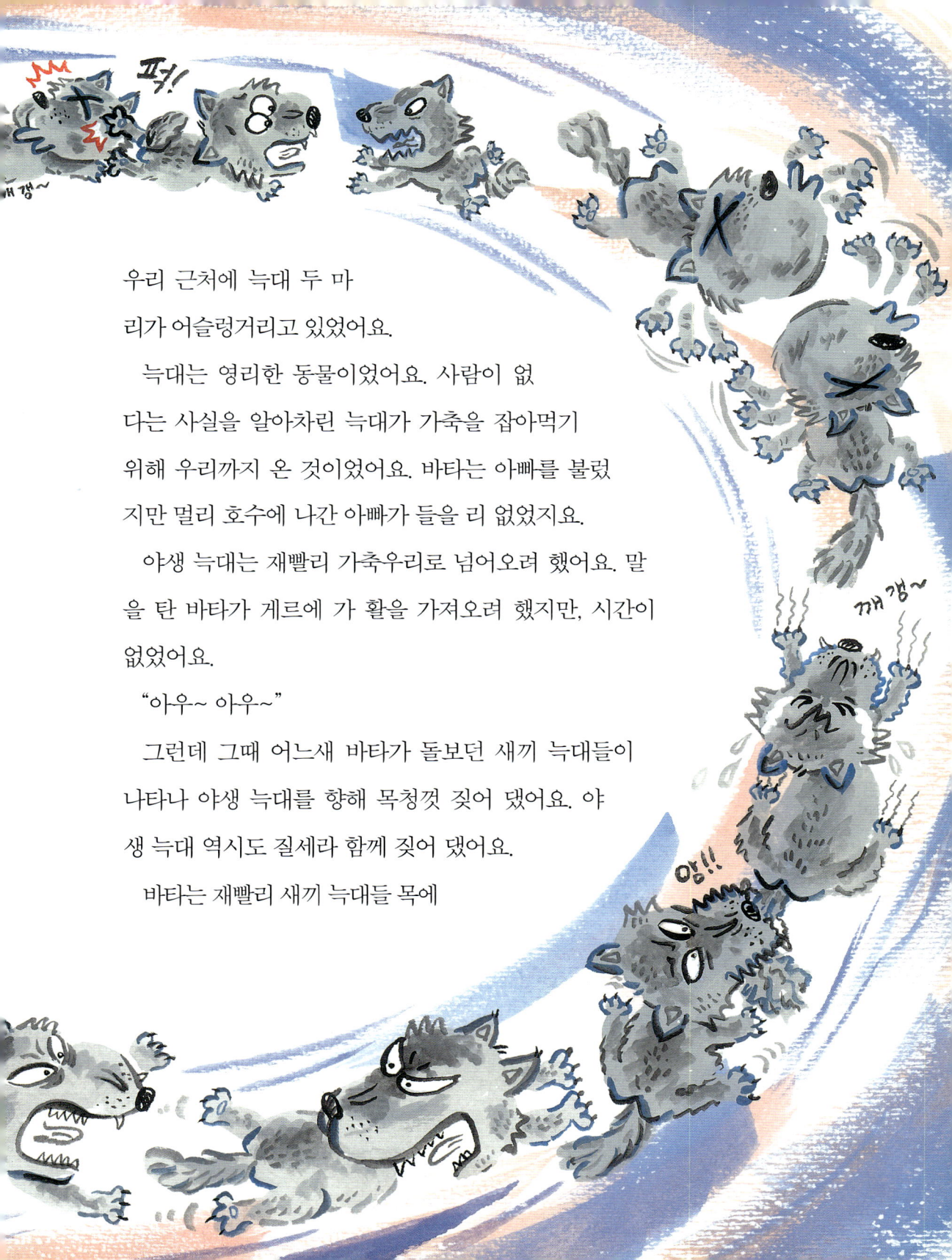

우리 근처에 늑대 두 마리가 어슬렁거리고 있었어요.

늑대는 영리한 동물이었어요. 사람이 없다는 사실을 알아차린 늑대가 가축을 잡아먹기 위해 우리까지 온 것이었어요. 바타는 아빠를 불렀지만 멀리 호수에 나간 아빠가 들을 리 없었지요.

야생 늑대는 재빨리 가축우리로 넘어오려 했어요. 말을 탄 바타가 게르에 가 활을 가져오려 했지만, 시간이 없었어요.

"아우~ 아우~"

그런데 그때 어느새 바타가 돌보던 새끼 늑대들이 나타나 야생 늑대를 향해 목청껏 짖어 댔어요. 야생 늑대 역시도 질세라 함께 짖어 댔어요.

바타는 재빨리 새끼 늑대들 목에

매여 있던 목줄을 풀었어요. 기다렸다는 듯이 새끼 늑대들은 낯선 늑대들을 향해 돌진했어요.

늑대들끼리 서로 엉킨 채 싸움을 했어요. 새끼 늑대들이라지만 제법 덩치가 컸어요. 새끼 늑대들은 거친 숨을 몰아쉬며 야생 늑대를 공격했어요. 야생 늑대 두 마리 역시 지지 않았어요. 한참 엉겨 붙어 싸우고 있던 늑대 중 먼저 꼬리를 내린 것은 야생 늑대였어요.

야생 늑대 한 마리가 무리에서 나와 꼬리를 내리고 뒷걸음질 쳤어요. 그 뒤를 새끼 늑대가 쫓아갔어요. 멀리서 늑대들끼리 싸우는 소리가 들리더니 얼마 후, 새끼 늑대 한 마리가 목에 피를 흘리며 게르로 돌아왔어요. 그 모습을 본 바타는 단숨에 뛰어가 새끼 늑대의 상처를 살폈어요. 다행히 상처는 깊지 않았어요.

한참 만에 엄마, 아빠가 게르로 돌아왔어요. 엄마는 새끼 늑대가 상처 난 곳을 치료해 줬어요. 새끼 늑대는 사람의 손길에도 얌전하게 있었어요. 어릴 적부터 돌봤던 늑대들이라 사람의 손길이 익숙했던 거예요.

　오늘 야생 늑대의 공격이 있었지만, 새끼 늑대들의 도움으로 가축들은 모두 무사했어요. 바타는 아빠가 어린 새끼 늑대를 게르로 데리고 온 이유를 이제 알 것 같았어요. 늑대로 늑대를 물리친 거예요. 아마도 앞으로는 야생 늑대들이 바타네 가축들을 공격하려고 오지 않을 것 같았어요. 가축을 지키는 강한 늑대들이 있다는 사실을 알았을 테니까요.

　"바타, 다음 달에 있을 나담 축제 말달리기 대회에 나가 보려무나. 네 실력으론 충분할 거야."

　가축을 돌보지 않았다고 아빠에게 꾸중을 들을 것이라 생각했지만, 아빠는 그런 바타를 혼내지 않았어요. 바타는 아빠와 가축들에게 미안한 생각이 들었지만, 다음 달에 있을 나담 축제에 나간다는 생각에 하늘을 나는 듯 기뻤어요.

　아빠의 말을 뒤로 하고, 바타는 재빨리 말에 올랐어요. 바타는 해를 향해 초원을 달렸어요. 세 마리의 새끼 늑대들도 바타 뒤를 따랐어요.

더 알아보아요!

{ 바다가 없는 몽골 }

북쪽으로는 러시아, 남쪽으로는 중국이 위치하고 있는 몽골은 바다와 아주 멀리 떨어져 있어요. 기후는 전형적인 대륙성 기후로 여름은 덥고 겨울은 무척 추워요. 10월에서 4월까지는 겨울이 계속되고 2개월 정도 잠시 온화한 기후를 보였다가 무더운 여름이 시작되죠. 겨울의 최저 기온은 영하 40도 아래까지 떨어지고 여름은 30도를 넘기도 해요. 강수량*은 연간 350밀리미터로 매우 적은 편이에요. 그나마도 여름철에 비가 집중적으로 내리고 겨울엔 눈이 적게 내려요. 가장 척박한 땅인 고비사막은 연간 강수량이 50밀리미터 이하랍니다.

{ 몽골인들이 바다라고 부르는 호수 '홉스굴' }

홉스굴이라는 호수는 몽골 북서쪽에 위치하며 북쪽으로 러시아와 경계를 이뤄요. 면적은 2,760제곱킬로미터이고 둘레는 380킬로미터로 제주도 면적보다 1.5배가 커요. 수심 역시 262미터로 중앙아시아에 있는 호수 중 가장 깊어요. 홉스굴 호수는 오염되지 않은 맑은 물이 풍부하고 빽빽한 소나무 숲으로 둘러싸여 있어 관광지로도 인기예

★ **강수량** 비, 눈, 우박, 안개 따위로 일정 기간 동안 일정한 곳에 내린 물의 총량.

요. 홉스굴 호수는 순록, 사향노루, 큰곰, 비버 등 동물들이 많이 살고 있고 민물연어 등 다양한 어류가 서식하고 있어요. 바다가 없는 몽골에서 몽골인들은 이곳을 바다라고 부르기도 해요.

{ 다양한 동물이 사는 몽골 대초원 }

몽골은 넓은 땅에 비해서 인구 밀도가 낮아요. 수도 울란바토르 등을 빼면 대부분의 땅은 초원 지대지요. 초원은 짧은 풀, 흙, 돌밖에 없어 보이지만 사실 많은 동물들이 살고 있어요. 몽골 초원의 대표적인 초식 동물 몽골가젤, 호수와 습지에 사는 플라밍고(홍학), 두 개의 뿔이 달려 있는 멸종위기종 사이가영양, 짧은 다리의 다람쥐과 동물인 마못, 등에 두 개의 혹을 가진 쌍봉낙타, 야생마인 프셰발스키 등 다양한 동물들이 살고 있어요. 이 동물들은 모두 야생 상태로 살고 있어서 초원에서 쉽게 볼 수 있는 동물들이에요.

{ 몽골 초원의 유목민 }

몽골 초원에는 유목민이 살아요. 양, 염소, 말, 낙타, 소와 같은 가축들을 키우고 있어요. 유목민들은 가축들을 데리고 일 년에 네 번에서 여덟 번까지 풀을 찾아 이동해요. 몽골 유목민에게 가장 소중

한 다섯 가지 보물은 바로 양, 염소, 소, 말, 낙타예요. 유목민들은 이동식 가옥인 게르를 짓고 주변으로 가축 울타리를 만들어 가축을 보호해요. 울타리는 야생동물의 습격을 막고 가축들을 보호해요. 유목민들은 3~4세부터 말 타는 법을 배워요. 태어난 지 일 년이 되면 작은 말을 선물할 정도로 말과 친하고 말을 잘 다뤄요.

{ 유목민의 보물, 가축 }

가축을 키우는 유목민은 가축에게서 다양한 것들을 얻어요. 가축의 고기, 가죽, 가축의 젖 등의 먹거리는 물론 가축의 가죽과 털로 신발, 옷, 모자 등을 만들어요. 또 말과 낙타 등을 타고 다니며 먼 거리를 이동하고 또 손쉽게 다른 가축을 돌보기도 하죠.

몽골 사람들의 전통 복장은 '델'이라고 해요. 델은 한 겹으로 되어 있는데 품이 넓어요. 허리에 비단으로 된 띠를 둘러요. 긴 겨울에는 델에 동물의 털이나 솜으로 안감을 덧대어 입어요. 델과 함께 '말가이'라고 하는 모자도 쓰고 장화처럼 생긴 '고탈'도 신어요.

곡식이 잘 자라지 않는 몽골은 가축을 키우며 주식으로 고기를 먹어요. 또 양유(양젖)나 우유를 마시며 말의 젖을 발효시켜 만든 몽골 전통 음료 '아이락'을 마시고 염소젖으로 만든 '에즈기', '뱌슬락', '아롤' 등의 몽골식 치즈도 먹어요.

{ 과학적인 집, 게르 }

아주 오래전부터 몽골 유목민들은 계절의 변화에 따라 가축의 먹이가 되는 풀이 있는 들판을 찾아 이동했어요. 여름에는 강가 주변, 겨울에는 바람이 적은 산이나 언덕으로 이동했어요. 몽골 유목민들은 자유롭게 이동하기 위해 전통적으로 게르를 이용해요. 게르는 쉽게 분해할 수 있어요. 나무 기둥을 세우고 탄탄한 천을 덧대 만들어요. 게르의 재료들은 운반하기 가볍고 조립하기도 쉬워요. 또 만들고 해체하기를 여러 번 해도 망가지지 않을 정도로 튼튼해요. 강한 바람과 비에도 무너지지 않으며 게르의 안은 따뜻해요. 게르의 한 가운데는 난로가 놓여 있고 그 위는 구멍이 뚫려 있어 음식을 조리할 때 나오는 연기가 쉽게 빠져 나갈 수 있어요.

{ 몽골 최대의 축제, 나담 }

나담 축제는 매년 7월, 몽골의 수도인 울란바토르에서 열리는 전통 축제예요. 나담은 몽골어로 '놀이', '경기'라는 뜻이에요. 나담 축제에는 몽골 전통 스포츠인 씨름, 활쏘기, 말달리기 등의 겨루기를 중심으로 다양한 행사가 진행돼요. 나담 축제의 시작은

몽골 대제국을 건설한 칭기즈칸이 있었던 13세기로 추정하고 있어요. 몽골인들은 아주 오래전부터 말타기, 활쏘기 등을 하며 무예를 길렀어요. 나담 축제는 유목민들의 삶에서 가축의 중요함을 새기고 풍요를 기원하는 의미를 담고 있어요.

{ 늑대 }

개과의 포유류인 늑대는 몽골인들이 신성하게 여기는 동물이에요. 늑대와 흰 사슴이 만나 아들을 낳고 그 후손이 몽골인의 시조가 되었다고 해요. 하지만 추운 겨울이 오면 늑대가 가축들을 공격하기 때문에 유목민들은 늑대를 사냥해요. 사냥은 가축을 지키기 위해서 하기 때문에 꼭 필요할 때만 해요.

눈
늑대는 개와 달리 눈동자가 푸른색이에요. 몽골 늑대의 털은 황갈색이고 등 뒤에는 진한 검정색과 회색이 섞여 있어요.

귀
항상 빳빳한 귀를 가진 늑대는 귀가 밑으로 늘어지지 않아요. 멀리서 나는 소리도 잘 들어 청각이 아주 발달했어요.

이빨
늑대의 이빨은 아주 날카로워요. 상대를 이빨로 물어 제압해요.

털
늑대는 사는 곳에 따라 털의 빛깔이 달라요.

위
늑대는 식욕이 커서 송아지나 염소 한 마리를 그 자리에서 다 먹어 치울 수 있어요. 반면 5~6일을 굶어도 살 수 있어요. 하지만 물을 먹지 않으면 얼마 살지 못해요.

늑대를 물리친 늑대

위치 러시아 사하공화국 남동부 인디기르카강 상류
기후 냉대 기후, 겨울은 몹시 춥고 짧은 여름은 비교적 고온
기온 겨울 영하 30~40도, 여름 20도 이상으로 큰 연교차
언어 러시아어, 야쿠트어

러시아 오이먀콘
추운 마을을 지킨 소

러시아 시베리아 사하공화국에는 가장 추운 곳이 있어요.
사하공화국을 가로지르는 강, 인디기르카강 상류에 있는 오이먀콘이라는 곳이에요.
이곳은 인구 500여 명이 사는 작은 마을이에요.
이 마을은 세계에서 가장 추운 마을로 유명해요. 1962년에는 영하 71.2도까지 내려가
남극을 제외하고 세계에서 가장 추운 곳으로 꼽혔어요.
그래서 오이먀콘을 가장 추운 곳이라는 뜻의 '한극'이라고 해요.
겨울철 오이먀콘의 평균 온도는 영하 40도이고 그보다 더 낮게 내려갈 때도 많아요.
실제로 영하 52도 이하가 되면 학교가 휴교를 해요.

가장 추운 날의 하루

아침에 일어나니 알리샤는 코끝이 시렸어요. 평소엔 엄마가 깨워야 일어나는데 오늘은 집안 가득 느껴지는 추위에 잠이 달아났어요. 겨울철이면 종종 전기가 나가 집안에 온통 냉기가 가득하곤 했어요. 오늘이 아마도 그런 날인 듯했어요.

"알리샤! 오늘 학교가 휴교라고 하는구나."

엄마가 거실 가운데 있는 지하 저장고에서 말린 고기와 꽁꽁 언 생선을 꺼내며 말했어요.

알리샤의 학교는 지난달에도 일주일간 휴교를 했었어요. 영하 52도를 넘어가면 휴교를 하는데 오늘 아침은 기온이 그보다 낮았어요.

요즘 마을축제 준비로 알리샤는 친구들과 모여 전통 악기인 '코무스 바르간' 연주 연습에 한창이었어요. 비록 알리샤의 악기에 소리를 내는 부분이 헐렁해져 좋은 소리가 나지는 않았지만 말이에요. 그래도 휴교라니! 알리샤는 친구들을 못 만난다고 생각하니 섭섭하기 짝이 없었어요.

그런데 무슨 생각을 했던 것인지 아빠가 알리샤에게 말했어요.

"걱정하지 마, 알리샤. 아침 일찍 외양간을 확인했는데 소들은 잘 있어."

알리샤는 '소'라는 말에 정신이 번쩍 났어요. 곧 새끼 낳을 소가 걱정됐기 때문이에요.

"내가 야쿠츠크에 다녀와도 될까요?

소가 곧 새끼를 낳을 텐데, 준비도 해야 하고……."

기다렸다는 듯, 아침 준비를 하던 엄마가 말했어요.

"하지만 소는 누가 돌보고? 나도 오늘은 밖에 일이 있어요."

"걱정 말아요, 엄마. 내가 소를 돌볼게요."

아빠의 말이 끝나자마자 알리샤는 재빨리 끼어들었어요. 새끼를 무사히 낳을 때까지 소를 잘 돌보면, 아빠가 새 코무스 바르간을 사 준다고 약속했기 때문이에요.

한 달에 한 번, 엄마는 야쿠츠크에 가서 생필품을 사 왔어요. 오이먀콘에도 웬만한 물건들은 있었지만, 야쿠츠크에는 더 많은 물건이 있었어요. 야쿠츠크는 영하 50도로는 잘 내려가지 않는 큰 도시였어요.

알리샤는 야쿠츠크처럼 조금 더 따뜻한 곳에 살았으면 했어요. 그럼 오늘처럼 학교가 휴교하는 일도 없고 모든 게 꽁꽁 얼지 않을 것이니까요. 알리샤의 단짝이었던 애나가 야쿠츠크로 이사를 간 후 알리샤는 애나처

럼 도시로 나가고 싶었지요.

그곳은 따뜻한 물도 나오고 편리한 시설들이 많다고 했어요. 오이먀콘은 아예 수도시설이 없었어요. 세워 놓은 차까지 얼어붙을 정도인데 수도시설은 더 말할 것도 없었어요.

기름에 튀긴 생선과 오랜 시간 푹 익힌 고기, 노릇한 빛깔의 버터와 빵 등이 식탁 위에 올라왔어요. 노릇하게 구워진 생선 한 점을 먹으니 온몸에 열이 나는 것 같았어요.

"알리샤, 많이 먹어 둬. 오늘같이 추운 날엔 기름진 음식을 먹어야 추위를 견딜 수 있단다."

아빠는 작은 잔에 따라진 보트카를 한입에 마시며 말했어요. 하루를 시작할 때 마시는 보드카 한잔 역시 추위를 이기는 데 제격이라고 했어요.

러시아 동부 사하공화국 남동부에 자리 잡은 오이먀콘은 동, 서, 남쪽으로 산맥이 막혀 있어 가운데가 오목하게 들어간 분지 형태의 마을이었어요. 북쪽으로는 막힌 산맥이 없어 북극에서 불어오는 바람이 그대로 마을 안에 들어왔어요. 차가운 바람이 나갈 곳이 없으니 마을의 공기는 더욱 차가워진 거예요.

엄마가 야쿠츠크로 떠나고 아빠는 출근하셨어요.

알리샤는 털옷을 입고 밖으로 나왔어요. 마을 중앙에 있는 기념탑 근처에 아이들이 놀고 있었어요. 학교를 가지 않아 신나 보였지요.

알리샤는 기념탑 앞에 섰어요. 기념탑에는 '오이먀콘, 한극'이라고 적혀 있었어요. 한국은 가장 추운 곳이라는 뜻이었어요. 1962년 야쿠츠크 마을의 온도가 영하 71.2도로 내려간 것을 기록하기 위한 탑이었어요.

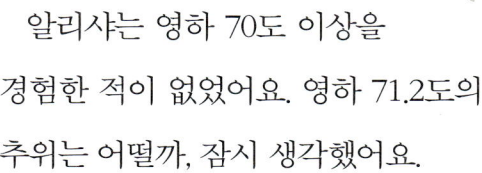

알리샤는 영하 70도 이상을 경험한 적이 없었어요. 영하 71.2도의 추위는 어떨까, 잠시 생각했어요.

"알리샤! 너희 집 소가 새끼를 낳았니?"

멀리서 니콜라이 아저씨가 알리샤에게 다가오며 말했어요.

"아니요. 아직 안 낳았어요. 이제 곧 낳을 것 같아요."

"날이 너무 추우니 소가 춥지 않게 단단히 준비해야겠구나. 물도 얼지 않게 잘 살피고. 요즘처럼 추운 날 새끼가 태어나다니, 좀 따뜻한 때에 태어나면 좋으련만……."

오이먀콘의 소들은 털도 많고 추위도 많이 타지 않지만, 새끼는 달랐어요. 갓 태어난 새끼는 그래도 좀 따뜻한 환경이 갖춰져야 했어요. 그래서 걱정하는 건 당연했어요.

알리샤는 소가 있는 외양간으로 갔어요. 엄마, 아빠가 없는 동안 자신이 소를 잘 보살펴야 했어요. 통나무로 된 외양간 벽에 덕지덕지 발라져 있는 똥들이 단단히 붙어 있었어요. 소똥은 외양간을 따뜻하게 해줬어요.

외양간으로 들어간 알리샤는 여물이 넉넉한지, 물도 있는지 확인했어요. 배가 불룩하게 불러온 소가 외양간으로 들어온 알리샤를 보고 고갯짓을 했어요.

불과 몇 년 전까지만 해도 어미 뱃속에서 갓 나온 새끼였는데 벌써 다 커서 곧 새끼를 낳게 될 어미 소가 된 것이었어요. 소가 태어난 후 알리샤는 엄마에게서 갖고 싶은 선물을 받았어요. 소가 무사히 태어난 것을 축하하기 위함이라고 했어요.

알리샤는 다른 소보다 새끼를 품은 그 어미 소에게 자꾸 눈길이 갔어요. 그 소가 태어나고 얼마 안 있어 유독 추운 날씨가 찾아왔고 설상가상

186
러시아 오이먀콘

으로 늑대의 공격을 받아 외양간 한쪽에 구멍이 생기기까지 했어요. 부모님은 그날 다급하게 외양간을 고치면서 몇 시간만 더 늦어졌다면 새끼는 얼어 죽었을 것이라고 했어요. 아찔했던 그날의 기억이 떠올라 알리샤는 고개를 저었어요.

 따뜻한 물이 흐르는 마을

일을 마치고 돌아온 아빠는 소젖을 짜기 시작했어요. 작은 양동이에 소젖이 가득 담겼어요. 하얀 거품이 보기에도 먹음직스러워 보였어요. 소젖을 다 짠 아빠는 천으로 소의 젖을 감쌌어요. 천으로 감싸지 않으면 젖이 얼어붙는다고 했어요. 그리곤 우유의 반을 덜었어요.

"생각보다 우유가 많이 나왔네. 우유의 반은 시내에 있는 가게에 가서 팔아야겠다."

오이먀콘에서 우유는 가장 완벽한 음식이었어요. 따뜻한 우유는 추위를 녹여 주었고 우유를 이용해 버터와 크림을 만들기도 했어요. 또 남는 우유는 식료품점에 팔기도 했어요.

알리샤는 물끄러미 소를 바라봤어요. 새삼 소가 고마웠기 때문이에요. 평소 가족들에게 우유를 주고 죽으면 고기와 가죽을 내어 주었어요. 심지어 녀석의 똥은 추위를 막는 데 쓰기도 했어요.

'소가 없으면 이 추운 곳에서 어떻게 살았을까?'

알리샤는 자신들의 곁에 소가 있어 다행이라는 생각이 들었어요.

"이런, 얼음이 떨어졌구나. 알리샤, 나랑 숲에 다녀와야겠다."

지하실에 갔다 온 아빠는 알리샤에게 말했어요. 지하실 한쪽에 얼음을 쌓아 놓고 얼음을 녹여 음식을 하거나 마실 물로 사용했어요. 얼음들은 영상 30도까지 오르는 여름까지 쓸 수 있었어요.

알리샤는 아빠와 함께 순록 썰매를 끌고 숲으로 향했어요. 숲은 마을 사이를 흐르는 인디기르카강 근처에

있었어요. 아빠는 강을 지나며 강에 쳐 놓은 그물을 확인했어요. 물고기가 두어 마리 들어와 있는 것을 확인한 아빠는 흡족한 미소를 지었어요.

"알리샤, 잊지 않았지? 숲에서는 떠들지 않는 것 말이야."

숲에 다다른 아빠가 말했어요. 숲에 사는 동물들과 신을 노하지 않게 하기 위해서라고 했어요.

숲에는 혹독한 추위에 사는 뾰족뾰족한 잎을 가진 침엽수들이 가지마다 눈을 뒤집어쓰고 꼿꼿이 서 있었어요. 사람의 발자국은 허락하지 않은 듯 새하얗고 깨끗한 눈밭이었어요. 눈밭에는 늑대와 야생 순록 등의 발자국만이 드문드문 있었어요. 아빠는 눈 언덕 앞에 섰어요. 아빠가 손으로 눈들을 치우자 얼음이 쌓여 있었어요.

아빠는 썰매에서 도끼를 꺼내 얼음을 깼어요. 그리곤 사람 몸짓보다 더 큰 얼음을 썰매에 실었어요. 가장 깨끗한 얼음을 가져가서 소가 새끼를 낳으면 그 얼음을 녹인 물을 줄 생각이었어요.

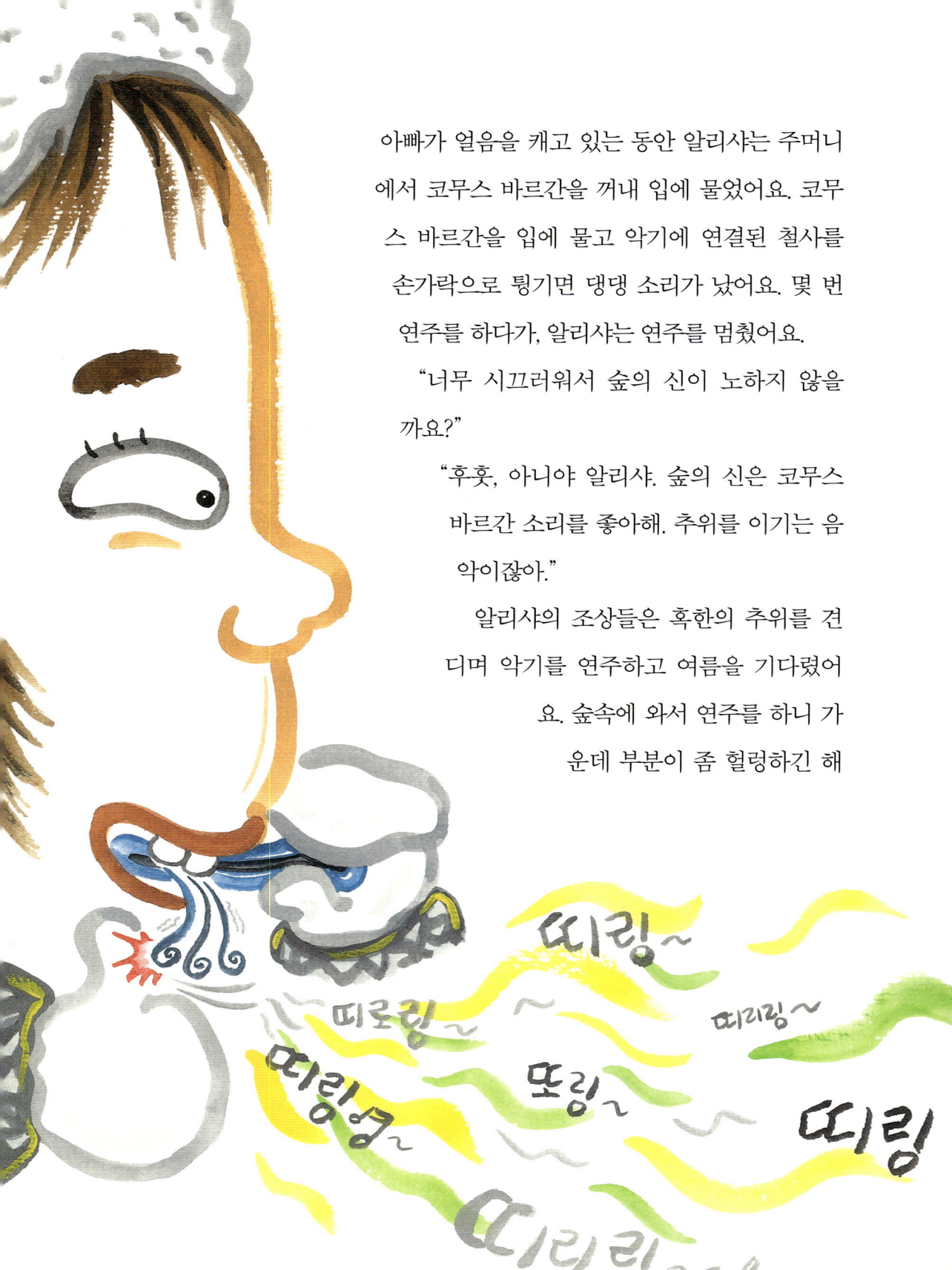

아빠가 얼음을 캐고 있는 동안 알리샤는 주머니에서 코무스 바르간을 꺼내 입에 물었어요. 코무스 바르간을 입에 물고 악기에 연결된 철사를 손가락으로 튕기면 댕댕 소리가 났어요. 몇 번 연주를 하다가, 알리샤는 연주를 멈췄어요.

"너무 시끄러워서 숲의 신이 노하지 않을까요?"

"후훗, 아니야 알리샤. 숲의 신은 코무스 바르간 소리를 좋아해. 추위를 이기는 음악이잖아."

알리샤의 조상들은 혹한의 추위를 견디며 악기를 연주하고 여름을 기다렸어요. 숲속에 와서 연주를 하니 가운데 부분이 좀 헐렁하긴 해도 어쩐지 연주가 잘 되는 것 같았어요.

얼음을 캐고 있는 동안 근처에서 동물들이 지나갔어요. 멀리 늑대의 울음소리도 들렸어요.

"아빠, 늑대가 마을 안으로도 들어오고 있는데 늑대를 잡으면 소 걱정을 안 할 거 같아요."

알리샤는 걱정스러운 표정으로 말했어요. 아빠는 외양간 근처에 늑대를 잡기 위한 덫은 놓아도 직접 잡으러 가지는 않았어요. 아빠는 사냥 솜씨가 좋은데도 말이에요.

"알리샤, 물론 사냥을 하면 늑대를 잡을 수 있어. 하지만 그렇게 되면 늑대들이 사라지고 결국 자연의 질서가 어긋날 거야. 우리 사하족은 욕심내지 않는단다."

 ## 새로운 식구

　이튿날 오후, 알리샤는 출근한 아빠를 대신해 외양간으로 향했어요. 외양간에 들어가자 훅 하고 느껴지는 찬 기운에 알리샤는 몸을 움츠렸어요. 평소와는 다른 기온에 알리샤는 당황했어요.
　'어떻게 된 일이지?'
　알리샤는 주변을 살펴봤어요. 문제는 환풍구였어요. 환풍구에 눈이 쌓여 작동이 되지 않았어요. 그리고 환풍구에서 찬바람이 들어오고 있었어요. 알리샤는 재빨리 빗자루를 들어 환풍구에 쌓인 눈을 털어 냈어요. 그런데 소들이 먹는 물통이 얼어 있었어요. 어제까지만 해도 물통에 물이 가득 있었는데 말이에요.

러시아 오이먀콘

알리샤는 곧장 집으로 갔어요. 그런데 집에도 녹여 놓은 물이 넉넉하지 않아 소들에게 주기엔 턱없이 부족했어요. 알리샤는 물통을 들고 마을에 있는 온천이 나오는 곳으로 향했어요. 온도가 아무리 내려가도 온천수는 절대 얼지 않았어요. 온천수로 인해 마을 사람들은 아무리 추워도 마을을 떠나지 않는다고 했어요.

온천수가 있는 곳에 다다른 알리샤는 따뜻한 물을 한가득 떴어요. 물통을 가득 채운 후 외양간으로 향했어요. 시간이 지나니 물통은 점점 더 무거워졌어요. 게다가 물을 뜨다가 장갑이 물에 닿아 그대로 얼어 버렸어요. 알리샤는 물통의 무게 때문에 너무 힘이 들어 손이 시린 것도 잊을 지경이었어요. 벌써 날은 제법 어두워졌고 먼 거리를 왔다고 생각했지만, 아직 집에 닿으려면 멀었어요. 그 생각을 하니 기운이 빠졌어요.

'악기……'

이런 상황에 악기라니. 알리샤는 소가 물도 못 마시고 있는데 악기 생각을 한 자신이 너무 한심했어요. 평소 아빠와 함께 소들을 데리고 물을 먹이러 갔을 때는 멀게 느껴지지 않았는데 말이에요.

알리샤는 손에 힘이 빠지면서 잡고 있던 물통을 그대로 놓치고 말았어요.

물통은 바닥에 떨어지자 모서리 한쪽이 깨져 버렸어요. 물이 줄줄 새어 나왔어요. 새어 나온 물은 알리샤의 바지를 그대로 적셨지요. 알리샤는 기운이 점점 빠졌어요. 하지만 이상하게 추위가 느껴지지 않았어요. 멀리

러시아 오이먀콘

불빛이 흐릿하게 보였어요.

"다행히 열은 떨어졌어요."

알리샤가 누워 있는 방에서 의사 선생님이 알리샤의 이마를 짚으며 말했어요. 엄마와 아빠는 안도의 한숨을 쉬었어요. 알리샤는 살며시 눈을 떴어요. 어제 온천에 가서 물을 떠오다 물통을 떨어트린 것까지 기억이 나는데…….

"알리샤, 일어났니? 몸은 어때? 왜 무리한 일을 했니?"

알리샤는 기억을 더듬어 봤지만 그 이후의 기억은 나지 않았어요. 길에서 쓰러진 알리샤를 니콜라이 아저씨가 발견하고 집으로 데리고 왔다고 했어요. 니콜라이 아저씨가 조금만 늦게 발견했으면 큰일이 날 뻔했다고 했어요.

"왜라니요. 소들에게 먹일 물을 구하려다가……. 소가 죽으면 안 되잖아요."

누워 있는 알리샤에게 따뜻한 우유를 건네주던 엄마의 눈시울이 붉어졌어요.

"소는 어때요? 괜찮아요?"

따뜻한 우유를 들이킨 알리샤는 기운을 차리고 물었어요.

"오, 알리샤. 네가 떠온 물로 물통을 채웠고 부족한 건 다시 물을 떠왔단다. 그리고……."

아빠는 평소 같지 않게 뜸을 들였어요.

"그리고 소가 새끼를 낳았단다! 무사히 말이야."

그새 소가 새끼를 낳았다는 아빠의 말을 알리샤는 믿을 수 없었어요. 간밤에 일어난 일들이라 더욱 그랬어요.

"알리샤, 너 뭐 생각나는 거 없니?"

엄마는 빙그레 웃으며 뜸을 들였어요. 알리샤는 고개를 갸웃하며 쳐다볼 뿐이었어요.

순간, 엄마가 가방에서 코무스 바르간을 꺼냈어요. 새것이었어요.

알리샤는 새 악기를 보자 눈을 동그랗게 떴어요. 소가 무사히 태어난 것만 해도 고마운데, 자신이 새 악기를 받을 자격이

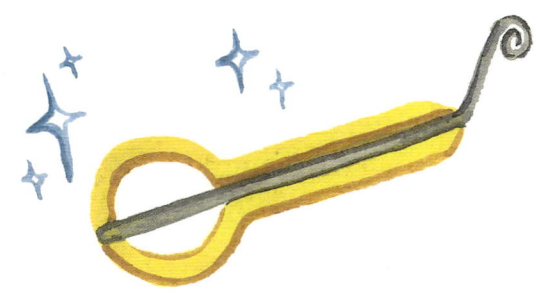

있는지, 잠시 생각했어요. 엄마는 알리샤의 두 손에 악기를 건네주었어요.

알리샤는 두 손으로 악기를 잡아 입에 대며 연주를 해 보았어요.

"소리가 정말 좋아요!"

알리샤가 연주를 계속했어요. 그때, 밖에서 날씨를 살피던 아빠가 들뜬 목소리로 말했어요.

"오늘은 온도가 어제보다 10도 이상이나 올랐어. 날씨가 아주 따뜻해졌어!"

날씨가 따뜻해졌다는 아빠의 말에 방안의 온도도 한층 올라간 것 같았어요. 알리샤는 내일이면 학교에 갈 수 있다는 생각과 갓 태어난 송아지를 볼 생각으로 기운이 솟아나는 느낌이었어요.

더 알아보아요!

{ 세상에서 가장 추운 곳, 오이먀콘 }

러시아는 동쪽과 서쪽에 해발 고도가 낮은 저지대가 펼쳐져 있어요. 이런 지형적 이유 때문에 북극에서 발생한 차가운 공기가 러시아 내륙으로 불어 들어와요. 게다가 바이칼호 주변에서 생긴 춥고 차가운 대륙성 고기압으로 인해 겨울철 기온이 급격히 낮아져요. 겨울철 러시아의 평균 온도는 영하 30~40도예요.

러시아 동부, 시베리아 북동쪽의 사하공화국에 자리한 오이먀콘은 세상에서 가장 추운 곳으로 유명해요. 겨울철 오이먀콘의 평균 온도는 영하 40도이고 그보다 더 낮게 내려갈 때도 많아요. 1962년에는 영하 71.2도까지 내려가 이를 기록한 기념탑이 있을 정도니까요. 실제로 영하 52도 이하가 되면 학교가 휴교를 해요. 실제로 뜨거운 물을 공중에 뿌리면 얼어붙어 바로 눈이 돼요. 우리가 사용하는 냉동실의 온도가 영하 20도 정도인데 영하 50도의 추위가 상상이 되나요?

{ 오이먀콘이 제일 추운 이유 }

이곳이 이처럼 추운 기후를 보이는 이유는 마을을 둘러싼 세 개의 산맥 때문이에요. 산맥은 해발 700~750미터인데 이 산맥들이 마을을 둘러싸고 있어 마을이 분지 형태가 돼요. 분지는 고도가 더 높은 지형으로 둘러싸인 평지를 말해요. 하지만 오이먀콘의 북쪽은 산맥이 없어요. 그래서 겨울철 북극에서 내려온 찬 공기가 빠져나가지 못하고 마을을 둘러싼 산맥들에 부딪혀 안에 머물게 돼요. 그 바람들은 더욱 차가워지죠. 차가운 공기는 아래로, 따뜻한 공기는 위로 올라가기 때문에 찬바람은 마을 안에 가득 모이게 된답니다. 오이먀콘은 9월부터 얼음이 얼기 시작해 이듬해 5월까지 겨울이 계속돼요.

{ 인디기르카강 }

인디기르카강은 러시아 동시베리아 북부 사하공화국을 흐르는 강이에요. 오이먀콘 마을에 있는 인디기르카강의 길이는 1,790킬로미터예요. 강물은 야노오이먀콘 산지에서 발원해 북쪽으로 흘러가는데 체르스키 산계 등의 여러 산맥을 지나고 다시 툰드라 지대를 지나 북동쪽으로 흘러요. 강은 북극해의 일부인 동시베리아 바다로 흘러가요. 10월부터 다음해 5월까지 강물이 얼어요.

{ '얼지 않는 물', 오이먀콘 }

사하족은 오래전 러시아 동토 바이칼 호수 근처에 살고 있던 민족이었어요. 사하족은 순록과 말, 소 등을 키우며 추운 지역에서 살아온 유목민족이죠. 사하족이 동물들을 데리고 다니며 유목을 하기 위해선 물이 꼭 필요했어요. 사하족은 가축을 데리고 이동하던 중 오이먀콘에 들렀어요. 그런데 이곳은 사계절 내내 물이 나오는 거예요. 사하족은 오이먀콘을 가축을 이동시키던 중간 거점으로 이용했어요.

그렇다면 세계에서 가장 추운 오이먀콘에서 어떻게 물이 얼지 않을 수 있을까요? 바로 오이먀콘에는 온천수가 흘렀기 때문에 가능했어요. 따뜻한 물이 흐르기 때문에 사계절 내내 물이 얼지 않았죠. 이후 사하족은 온천수가 나오는 오이먀콘에 살게 되었어요. 모든 것이 얼어붙는 곳에서 얼지 않는 물로 식수를 얻었고 그 식수로 소와 말 같은 가축을 키웠어요. 오이먀콘은 실제 야쿠트어로 '얼지 않는 물'이라는 뜻이에요.

{ 사하족의 생활 }

오이먀콘은 추위로 인해 곡식이나 채소가 자라지 않아요. 시장에 가도 고기값보다는 과일과 채소의 값이 훨씬 비싸요. 가격이 비싼 이유도 있지만 대부분 사람은 육식 위주의 식습관을 갖고 있어요. 겨울철 혹독한 추위를 견디기 위해 열량이 높은 기름진 음식이 필요하거든요. 소에게서 얻은 우유, 버터, 크림 등 다른 동물들의 고기와 밀가루로 만든 빵을 주로 먹습니다.

긴 겨울과 겨울철 평균 온도가 영하 40도인 오이먀콘은 극심한 추위로 수도시설이 아예 없어요. 수도가 얼기 때문이죠. 또 차들도 금방 얼어붙어 차 대신 순록, 말 등의 동물을 이용해 이동해요. 이처럼 혹독한 겨울을 보내는 사람들은 짧은 여름을 기다려요. 혹한의 겨울이 끝나고 매년 6월이 되면 마을 주민들과 학생들이 모여 따뜻한 날을 기원하는 축제를 열어요. 전통 악기도 연주하고 노래를 부르는 등 마을의 풍요를 기원해요.

{ 젖과 고기를 주는 소 }

기원전 8,000년경부터 소는 인간에게 가축으로 길러진 동물이에요. 지구상에서 인간 다음으로 가장 많은 포유류로서 다양한 개체 수와 종이 있어요. 소는 대부분 가축화 되어 인간과 함께 살지만, 가축화가 되지 않은 소는 주로 풀이 자라는 곳에 살아가요. 사람들에 의해 가축화 된 소는 사람들에게 많은 것들을 줘요. 지금은 농사 기술이 발달되어 소의 노동력이 크게 필요 없지만, 과거에는 힘든 농사일을 도와주었어요. 때문에 농사를 주로 짓는 나라에서는 소가 가장 중요한 가축이에요.

{ **오이먀콘의 소** }

한 해 동안 대부분의 땅이 얼어 있는 오이먀콘에서 소는 농사짓는 데 사용되지 않아요. 소는 사람들에게 우유와 고기를 줘서 가장 필요한 영양분을 보충하게 해요. 오이먀콘 사람들 역시 소에게 넉넉한 먹이와 따뜻한 우리를 제공해 줘요. 오이먀콘에서는 소와 사람들이 서로 도우며 살고 있답니다.

털 소의 털은 검은색, 흰색, 갈색을 띠어요. 소의 털은 주로 짧은데 다른 지역에 사는 소들보다 오이먀콘에 있는 소는 털이 길고 풍성해요. 혹독한 추위를 견디기 위해서죠.

고기 오이먀콘 사람들은 추운 날씨 탓에 채소와 과일을 먹기가 힘들어요. 대신 부족한 영양분을 육류로 보충하는데, 특히 소의 피와 우유를 먹음으로써 비타민과 철분 등의 영양분을 섭취할 수 있어요.

위 먹이를 먹고 삼킨 것을 되새김질해요.

소젖 소에서 나온 우유는 사람들에게 단백질을 섭취하기 위해 꼭 필요해요. 또 우유로 치즈, 버터 등을 만들어 부족한 영양분을 섭취해요. 우유는 사람뿐 아니라 송아지에게도 꼭 필요해요.
송아지는 태어나자마자 빠른 시간 안에 어미 소의 첫젖인 초유를 먹어야 해요. 그래야 병에 걸리지 않고 추위도 이겨 낼 수 있답니다.

동물과 함께하는 세계지리 여행